NPBからも豪華メンバーが代表入り。昨季56本塁打で日本選手年間最多記録を樹立した村上宗隆（ヤクルト）、2年連続投手四冠の山本由伸（オリックス）、史上最年少で完全試合を達成した佐々木朗希（ロッテ）など、現時点での「オールスターメンバー」であることに異論を唱える人はいないだろう。過去最大規模、かつ最高レベルの大会で、侍ジャパンは3大会ぶり3度目の優勝を目指す。

本書は侍ジャパンを筆頭に出場全20カ国の代表メンバー、注目選手、戦力分析をメインとした
戦ガイドブックである。合わせて過去4大会に
ける侍ジャパンの激闘録も掲載しておりWBCデータ本としても楽しめる内容となっている。
書は「公式」のガイドブックではないが、MLB
究家・福島良一氏の協力により、詳細な情報を
載できたと自負している。

〝奇跡の大会〟をより楽しむために、本書を活用していただけたら幸いである。

2023年2月　宝島社書籍編集部

BALL
CLASSIC
9-1
NX NIPPON EXPRESS
MUFG
salesforce

ワールド・ベースボール・クラシック

WBC 2023

史上最強「侍ジャパン」

パーフェクトデータブック

監修
福島良一

宝島社

ワールド・ベースボール・クラシック

WBC 2023

史上最強「侍ジャパン」

パーフェクトデータブック

監修
福島良一

宝島社

侍ジャパン、世界一奪還へ――
"史上最高峰の戦い"を10倍楽しく観戦する！

第5回ワールド・ベースボール・クラシック（WBC）が3月8日、開幕する。参加は過去最多の20カ国。アメリカをはじめ多くの国で現役バリバリの超一流メジャーリーガーが代表入りし、「史上最高峰の戦い」が繰り広げられる。

日本代表も、ドリームチームと言うべき布陣で臨む。MLBからは大谷翔平（エンゼルス）がWBCに初参戦するほか、MLB11シーズンのキャリアで円熟味を増したダルビッシュ有（パドレス）、昨季カブスに移籍した鈴木誠也、今オフにレッドソックスへ移籍が決まったばかりの吉田正尚も参戦を表明した。

ワールド・ベースボール・クラシック

WBC 2023

史上最強「侍ジャパン」

パーフェクトデータブック

CONTENTS

ブックデザイン＆DTP／田辺雅人
編集・取材・文／アンサンヒーロー
写真／アフロ、スポニチ/アフロ、USA TODAY Sports/ロイター/アフロ、AP/アフロ、ロイター/アフロ、YUTAKA/アフロスポーツ、東京スポーツ/アフロ、Newscom/アフロ、USA TODAY Network/アフロ、長田洋平/アフロスポーツ、西村尚己/アフロスポーツ、日刊スポーツ/アフロ、Penta Press/アフロ、YONHAP NEWS/アフロ、ZUMA Press/アフロ、産経新聞社

“史上最強”
ドリームチーム

WBC 2023
「侍ジャパン」注目の10人

今大会、日本はドリームチームで臨む。
2009年の第2回大会で連覇を飾ってから早14年。
3大会ぶりの「世界一」が期待される。
MLB、NPBのスター選手が集結した
「侍ジャパン」から、
注目の10選手をピックアップ。

日本が誇る世界の至宝
大谷翔平

こんな選手は二度と現れないだろう。大谷翔平は昨季、MLB自己最多の15勝をマーク、打撃でも34本塁打を放ち、MLB史上初の「投打ダブル規定到達」の偉業を達成。投打でトップレベルのパフォーマンスを発揮し、メジャー120年の歴史を変えた。大谷がプロの世界に飛び込むまで、投打の二刀流でプレーする選手は想像できなかった。日本ハム入団時は「投打のどちらかに専念すべき」と二刀流に否定的な見方が少なくなかったが、投打の両面で野球界の常識を覆す結果を出し続けることで、唯一無二の世界を走っている。

侍ジャパンで注目されるのは起用法だ。投手なら先発だけでなく、奪三振能力が高く精神力も強いことから、守護神を託される可能性が。打撃も1、2番でチャンスメークのほか、クリーンアップでも迫力十分。意外なことに日の丸を背負い、WBC、五輪で出場経験が今まで一度もなかった。自身初出場のWBCで期する思いは強い。侍ジャパンのキーマンであることは間違いない。

大谷翔平の国際試合成績

	年	試合	相手	回	被安打	奪三振	失点	防御率
投手	2014	日米野球	MLB	1	0	0	0	0.00
	2014	日米野球	MLB	4	6	7	2	4.50
	2015	強化試合	プエルトリコ	2	3	4	2	9.00
	2015	プレミア12 1次ラウンド	韓国	6	2	10	0	0.00
	2015	プレミア12 準決勝	韓国	7	1	11	0	0.00

	年	試合	相手	打数	安打	本塁打	打点	打率
打者	2016	強化試合	メキシコ（2試合）	5	2	0	0	.000
		強化試合	オランダ（2試合）	6	3	1	1	.500

DARVISH
日米通算１８８勝〝日本の頭脳〟
ダルビッシュ有
SAN

YU

ダルビッシュ有の国際試合成績

年	試合	相手	回	被安打	奪三振	失点	防御率
2007	五輪アジア予選決勝リーグ	台湾	7	3	6	2	2.57
2008	北京五輪 1次リーグ	キューバ	4 0/3	7	6	4	9.00
	北京五輪 1次リーグ	アメリカ	2	0	3	0	0.00
	北京五輪 3位決定戦	アメリカ	1	1	1	0	0.00
2009	WBC 1次ラウンド	中国	4	0	3	0	0.00
	WBC 1次ラウンド	韓国	1	1	3	0	0.00
	WBC 2次ラウンド	韓国	5	4	7	3	5.40
	WBC準決勝	アメリカ	1	1	2	0	0.00
	WBC決勝	韓国	2	1	5	1	4.50

「勝てる投手」の要素をすべて兼ね備えている。多彩な変化球を操り、直球も威力十分。メジャーで課題に挙げられていた制球力が改善されていたことで、安定感がグッと増した。36歳とベテランの域に入ったが衰えは見られず、進化し続けている。

昨季はメジャー11年目で自己最多タイの16勝をマーク。投球技術に加え、投球回数194回2/3とイニングイーターとしても貢献度が高い。ポストシーズンでも好投が際立った。

WBCは当時22歳だった2009年以来14年ぶり2度目の出場となる。連覇を飾った2009年の本大会では松坂大輔、岩隈久志と共に先発三本柱を務め、準決勝から抑えに。決勝・韓国戦で勝利投手となり、喜びを爆発させた。

あれから14年の月日が流れ、侍ジャパンで最年長に。他国のメジャーを代表する強打者たちの特徴を把握していることも心強い。理論派で野球に取り組む研究熱心な姿勢は若手のよきお手本になるだろう。投手陣を引っ張るリーダー的存在だ。

「侍ジャパンの秘密兵器」だ。父がオランダ系アメリカ人で、母が日本人というミックス。アメリカで生まれ育ったが、大学在学中に日本語を勉強し、日本へ語学留学した経験がある。

　高校時代は野球とアメリカンフットボールの二刀流でスター選手だった。身長190センチ、体重95キロの体格だが、スピード感にあふれたプレースタイルで身体能力が高い。エルセグンド高校ではアメフトでも活躍、クオーターバックで2度リーグMVPに選出された。

　長打力と選球眼のよさに定評があり、外野の守備では強肩を誇る。カージナルスでは右翼で出場する機会が多かったが、外野の全ポジションを守れる。侍ジャパンの外野の布陣を見ると、右翼に鈴木誠也、左翼に吉田正尚、近藤健介が入る可能性が高いため、ヌートバーは中堅を守るとみられる。NPBでプレー経験がないため、ファンにはなじみの少ない選手だが実力は本物だ。ヌートバーの活躍は侍ジャパンに新風を吹き込むに違いない。

NOOTBAAR

栗山監督の秘密兵器

ラーズ・ヌートバー

JAPAN

タフネス右腕の奪三振率に注目

伊藤大海

名は体を表す。伊藤大海《ひろみ》（日本ハム）が東京2020五輪に続き、WBCという大海に出る。

北海道生まれで、函館市に隣接する鹿部町出身。父はタコつぼ漁師で、1987年ドラフト1位の故・盛田幸妃さんとは同郷だ。伊藤は2020年ドラフトで球団史上初の道産子ドラフト1位指名。人口は4000人に満たない町から、「ドラ1」が2人も誕生した。

ルーキーイヤーからの活躍は目覚ましい。プロ1年目から開幕ローテーション入り。先発で2桁勝利をマーク。夏に東京2020五輪代表に選ばれ、中継ぎとして3試合に登板し、防御率0・00。昨季は23試合に先発しつつ、中継ぎ、抑えとフル回転し、26試合登板で10勝9敗1ホールド1セーブを挙げ、2年連続2桁勝利を飾った。

国際試合で第2先発も可能、中継ぎも可能となれば、チームにとって貴重な戦力となる。最速150キロ台の直球に、多彩な変化球。奪三振率に定評があり、今大会での活躍は必至。太平洋にその名を轟《とどろ》かせる。

伊藤大海の主な国際試合成績

年月	試合	相手	回	被安打	奪三振	失点	防御率
2021	東京五輪 1次リーグ	メキシコ	2	1	2	0	0.00
	東京五輪 準決勝	韓国	2	1	3	0	0.00
	東京五輪 決勝	アメリカ	1	2	0	0	0.00
2022	強化試合	オーストラリア	1	0	1	0	0.00

YOSHIDA

MASATAKA

〝MLBルーキー〟が異例の出場

吉田正尚

異例中の異例だ。レッドソックスに移籍した〝MLBルーキー〟吉田正尚（前オリックス）がWBCに参戦を熱望。過去には松坂大輔が2006年の第1回大会に出場し、そのオフにレッドソックス入りした例はあるが、MLBデビュー直前のWBC出場は日本選手で極めて珍しい。吉田の熱い思いがうかがえる。

日本が誇る安打製造機だ。一軍出場2年目の2017年から6年連続で打率3割、同じく出塁率も6年連続4割台。2020年から2年連続で首位打者を獲得したほか、「三振しない男」としても名を馳せた。2021年にはオリックスの25年ぶりとなるリーグ優勝に貢献。昨季は前年に敗れたヤクルトとの日本シリーズでは、第5戦でサヨナラ本塁打。これで対戦成績をタイに戻し、残り2戦で連勝して26年ぶりの日本一に導いた。

身長は170センチ台前半ながら、すでにMLB関係者から「マッチョ」と呼ばれるほどの筋肉を誇る。パワフルな安打製造機が、MLB開幕前に世界をあっと言わせる。

吉田正尚の主な国際試合成績

年	試合	相手	打数	安打	本塁打	打点	打率
2019	強化試合	メキシコ（2試合）	5	4	1	6	.800
	強化試合	カナダ（2試合）	7	1	0	1	.143
	プレミア12	ベネズエラ/台湾/オーストラリア/アメリカ/韓国	20	4	0	1	.200
2021	東京五輪	ドミニカ共和国/メキシコ/アメリカ/韓国	20	7	0	2	.350

TAKUYA KAI

甲斐拓也の主な国際試合成績

年	試合	相手	打数	安打	本塁打	打点	打率
2018	強化試合	オーストラリア	2	0	0	0	.000
2019	強化試合	メキシコ（2試合）	3	1	0	1	.333
	強化試合	カナダ	0	0	0	0	.000
	プレミア12	ベネズエラ / プエルトリコ / アメリカ / 韓国	7	1	0	0	.143
2021	東京五輪	ドミニカ共和国 / メキシコ / アメリカ / 韓国	13	5	0	3	.385

東京五輪金メダルの立役者

甲斐拓也

日本中が酔いしれた東京2020五輪の金メダル。決勝で雌雄を決し、甲斐拓也（ソフトバンク）は胴上げ投手・栗林良吏《りょうじ》（広島）を抱きとめた。並みいる強豪を撃破した原動力は、間違いなく甲斐だった。

2010年の育成ドラフト6位でソフトバンクに入団。2013年オフに支配下登録され、2020年まで4年連続日本一に貢献した。2017年には育成出身選手として初のベストナインに選出された。強肩は「甲斐キャノン」と呼ばれ、2018年には盗塁阻止率で12球団トップの4割4分7厘。同年には日本シリーズMVPも獲得した。

日本代表の顔。前指揮官の稲葉篤紀監督就任後はすべての代表戦に招集され、東京五輪でも全5試合でマスクをかぶり続けた。国際試合では、初めて対戦する相手への対応力が鍵を握る。東京五輪では対戦相手の打者ごとにバインダー式のノートを作り、対戦の打順ごとにページを入れ替えていたという。準備、そして感じる心。WBCに舞台を変えても、再び世界一をつかみ取る。

160キロ超の直球で世界と勝負

佐々木朗希

ROKI SASAKI

　投手として秘めている潜在能力の高さは、「大谷翔平より上」の声が。佐々木朗希（ロッテ）の凄みは底が見えないことだ。プロ3年目の昨季は4月10日のオリックス戦で完全試合、世界記録の13者連続三振と衝撃的な快投を披露。次回登板となった同月17日の日本ハム戦も8回まで走者を1人も出さない完全投球を見せた。疲労を考慮して9回のマウンドに上がらなかったが、相手を圧倒する投球は異次元の領域だった。

　それでも未完成でもある。直球は常時160キロ以上を計測し、落差の大きいフォークで三振の山を築くが、フォーク以外の変化球は未知数だ。先発ローテーションで1年間稼働するフィジカルも課題で、昨季は規定投球回に届かなかった。

　しかし、課題の多さは大きな可能性を意味する。このまま順調に育てば、どんな投手になるか想像ができない。WBCでは先発登板の可能性が高い。米国、ベネズエラなど他国のメジャーの強打者たちを圧倒する快投を見せられるか。

佐々木朗希の国際試合成績

年	試合	相手	回	被安打	奪三振	失点	防御率
2019	U18W杯	韓国	1	0	1	0	0.00
2022	侍ジャパンS	オーストラリア	4	4	2	0	0.00

SAMURAI JAPAN

NPB最強右腕が「世界のエース」

山本由伸

YOSHINOBU

背番号18を背負う日本のエース。無双を続ける山本由伸（オリックス）への評価は青天井だ。

2022年、寅年の年男は敵なしだった。2年連続の投手主要4部門独占はNPB史上初。沢村賞も2年連続受賞し、6月には自身初のノーヒットノーランも達成した。15の勝ち星を積み上げ、リーグ最終戦での逆転優勝につなげるなど、チームの大黒柱の役割をまっとうした。

独特のフォームからMAX159キロの直球と150キロ超のフォークを軸に、時には120キロ台のカーブで打者を手玉に取る。2022年、両リーグで規定投球回に達した先発投手のうち、平均投球回数はただ一人7回を超えた。

完璧に近いシーズンだったが、2年連続同カードとなったヤクルトとの日本シリーズは、第1戦で緊急降板。チームは前年の雪辱を果たしたが、心残りはある。日本がWBC連覇を果たした当時の背番号18は、平成の怪物・松坂大輔。エースの証しを背負い、3大会ぶりの栄光へ全力で腕を振る。

山本由伸の国際試合成績

年月	試合	相手	回	被安打	奪三振	失点	防御率
2019	強化試合	メキシコ	2	2	2	0	0.00
2019	強化試合	カナダ	1	0	1	0	0.00
	プレミア12/1次ラウンド	プエルトリコ	1	1	1	0	0.00
	プレミア12/1次ラウンド	台湾	1	2	0	1	9.00
	プレミア12/2次ラウンド	アメリカ	1	2	0	0	0.00
	プレミア12/2次ラウンド	メキシコ	1	0	3	0	0.00
	プレミア12/決勝	韓国	1	0	2	0	0.00
2021	東京五輪 1次リーグ	ドミニカ共和国	6	2	9	0	0.00
2021	東京五輪 準決勝	韓国	5 1/3	5	9	2	3.38

YAMAMOTO
JAPAN

MURAKAMI

MUNETAKA

日本記録ホルダーが 東京五輪金メダル弾の再現を

村上宗隆

歴史に名を刻んだホームランアーチスト。村上宗隆（ヤクルト）は昨季、圧巻の活躍ぶりで、「村神様」の愛称が流行語大賞に選ばれるほどの社会現象になった。

日本記録の56本塁打を樹立したことが大きくフォーカスされるが、史上最年少の22歳で三冠王を獲得した打撃技術の高さは、長打力だけではない。際どい変化球をきっちり見極める選球眼に加え、逆方向にもはじき返してヒットゾーンが広い。チャンスにも強く、侍ジャパンの4番打者に最もふさわしい。

NPB最多記録の5打席連続アーチ、12度の1試合複数本塁打をマークするなど、打ちだしたら止まらない爆発力がある。初対戦の投手を苦にせず、対応能力が高いのも強みだ。

侍ジャパンではチーム最年少の21歳で出場した東京五輪の決勝・アメリカ戦で左中間に先制アーチ。この一打が決勝弾となり、金メダル獲得に大きく貢献した。あの歓喜から1年半しか経っていないが、村上は大きく進化した。WBCの大舞台でその名を世界に轟かせる。

村上宗隆の国際試合成績

年	試合	相手	打数	安打	本塁打	打点	打率
2019	強化試合	メキシコ	3	1	0	0	.333
	強化試合	メキシコ	4	1	0	0	.250
2021	東京五輪 1次リーグ	ドミニカ共和国	3	1	0	2	.333
	東京五輪 1次リーグ	メキシコ	4	1	0	0	.250
2021	東京五輪 準々決勝	アメリカ	3	0	0	0	.000
	東京五輪 準決勝	韓国	3	2	0	0	.667
	東京五輪 決勝	アメリカ	2	1	1	1	.500

メジャーリーガー鈴木が「神ってる」を超える

鈴木誠也

鈴木誠也（カブス）はMLB挑戦初年度の昨年は左手薬指を痛め、1カ月半戦線離脱するなど不完全燃焼のシーズンに。普段は明るい性格でチームメートを盛り上げるムードメーカーだが、野球に向き合う姿勢はストイックで知られる。ほかの選手が目を見張る練習量の「努力の塊」は悔しい思いでいっぱいだろう。

鈴木の野球人生をひもとくと、現状に満足せず強い向上心で進化し続けている。広島でNPB史上3人目の6年連続打率3割、25本塁打をマーク。首位打者を2度獲得したが、さらなる高みへ打撃フォームの改造を敢行していた。

昨年の東京五輪では4番で全5試合スタメン出場して打率1割6分7厘、1本塁打1打点。金メダルを獲得したが、個人成績は納得していないだろう。鈴木の活躍と25年ぶりのリーグ優勝を飾った広島を形容した「神ってる」が2016年に流行語大賞に選ばれたが、もはやその言葉は鈴木に似合わない。誰もが認める強打者の地位を築き、WBCでの打棒爆発に期待したい。

鈴木誠也の国際試合成績

年	試合	相手	打数	安打	本塁打	打点	打率
2016	強化試合	メキシコ／オランダ	16	5	1	6	.313
2017	WBC	キューバ／オーストラリア／中国／オランダ／イスラエル	14	3	0	0	.214
2019	強化試合	カナダ（2試合）	7	2	0	0	.286
	プレミア12	ベネズエラ／プエルトリコ／台湾／オーストラリア／アメリカ／メキシコ／韓国	27	12	3	13	.444
2021	東京五輪	ドミニカ共和国／メキシコ／アメリカ／韓国	18	3	1	1	.167

CUBS
SEIYA SUZ

SSIC 2023 大会概要と日程

決勝ラウンド

準決勝
2023年3月19、20日
ローンデポ・パーク(アメリカ)

準決勝1
QF1勝者 VS QF3勝者
準決勝2
QF2勝者 VS QF4勝者

決勝
2023年3月21日
ローンデポ・パーク(アメリカ)

準決勝1 勝者
VS
準決勝2 勝者

1次ラウンド

POOL C(アメリカ)
2023年3月11～15日
チェイス・フィールド

アメリカ
メキシコ
コロンビア
カナダ
イギリス

準々決勝ラウンド

準々決勝2
ローンデポ・パーク(アメリカ)
2023年3月17日-QF3
2023年3月18日-QF4

POOL C 1位
POOL D 2位
POOL D 1位
POOL C 2位

1次ラウンド

POOL D(アメリカ)
2023年3月11～15日
ローンデポ・パーク

プエルトリコ
ベネズエラ
ドミニカ共和国
イスラエル
ニカラグア

大会規模は過去最大 20カ国で世界一争奪戦

スター選手が集まる今大会は、大会規模も過去最大だ。2023年の第5回WBCは、参加国数が過去最多の20カ国・地域に拡大された。前回の2017年大会に出場した16チームは、今大会に招待参加。昨年の予選を勝ち抜いた4カ国（パナマ、チェコ共和国、イギリス、ニカラグア）がこれに加わり、1次、準々決勝（名称は2次）、決勝ラウンドの3ラウンド制で行われる。

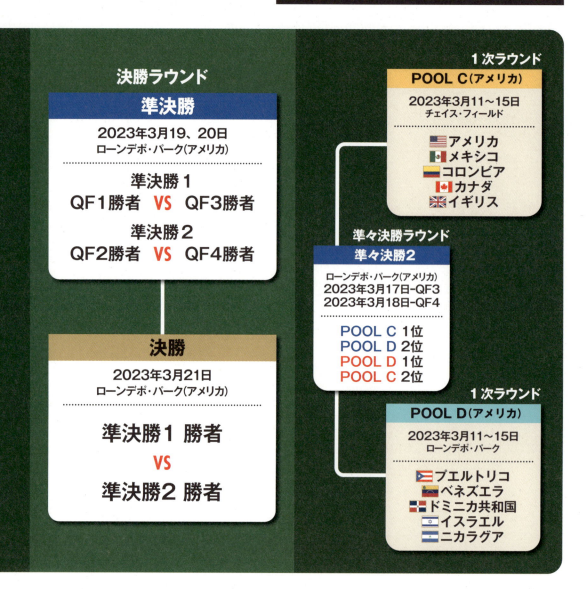

開催は3月8～21日（現地時間）、会場は台湾、日本、アメリカ2カ所の合計4カ所。準決勝、決勝はアメリカ・フロリダ州のローンデポ・パークで行われる。日本は1次ラウンドのプールB（東京ドーム＝3月9～13日）で、初戦は9日の中国。翌10日にはWBCで熱戦を繰り広げてきた韓国と激突し、11日は予選を勝ち上がったチェコ共和国、12日には南半球の強豪・オーストラリアと対戦する。

今大会のルールは2020年のMLBルールが基本となり、全試合でのDH制のほか、先発投手が降板後

WORLD BASEBALL CLA

日本代表の日程

POOL B（東京プール）

日程：2023年3月9日～13日
会場：東京ドーム

3月9日（木）19:00
中国―日本

3月10日（金）19:00
韓国―日本

3月11日（土）19:00
チェコ共和国―日本

3月12日（日）19:00
日本―オーストラリア

準々決勝ラウンド

準々決勝 1
（POOL A 1位、B 2位／POOL B 1位、A 2位）
日程：2023年3月15日、16日
会場：東京ドーム

※日本が1次ラウンド1位通過の場合

2023年3月16日（木）19:00
POOL A 2位―日本

※日本が1次ラウンド2位通過の場合

2023年3月16日（木）19:00
POOL A 1位―日本

1次ラウンド

POOL A（台湾）

2023年3月8～13日
台中インターコンチネンタル野球場

チャイニーズ・タイペイ
オランダ
キューバ
イタリア
パナマ

準々決勝ラウンド

準々決勝1

東京ドーム（日本）
2023年3月15日-QF1
2023年3月16日-QF2

POOL A 1位
POOL B 2位
POOL B 1位
POOL A 2位

1次ラウンド

POOL B（東京）

2023年3月9～13日
東京ドーム

日本
韓国
オーストラリア
中国
チェコ共和国

もDHで出場できるという、通称「大谷ルール」も採用。延長タイブレークは10回以降無死二塁で開始する。投手の球数制限は前回大会同様、1次ラウンドは65球、準々決勝は80球、準決勝と決勝は95球が上限。球数が30球以上の場合は中1日以上、50球以上の場合は中4日以上空けなければならない。また、最低でも打者3人との対戦が義務とされ、ワンポイント登板は禁止。投手起用の妙も見どころとなる。

東京ドームでは、日本がいる1次ラウンドプールBの各試合（3月9～13日）、そして準々決勝ラウンド（3月15、16日）を実施する。

日本は準々決勝を勝ち抜けば、マーリンズの本拠地ローンデポ・パークで行われる決勝ラウンド（準決勝・決勝）に臨む。1次ラウンドを1位で通過し、準々決勝を勝ち抜けば、準決勝で前回大会優勝のアメリカと激突する可能性が高い。その準決勝を勝ち上がれば、決勝の相手は2013年大会優勝のドミニカ共和国になると予想される。

いずれの対戦も強豪ぞろい。プロ野球開幕直前、世界との大激戦を見ることができる。

日本人メジャー選手が史上最多タイの5人

栗山監督だから実現した侍ジャパン「史上最強」の内幕

今大会、日本代表の特色は「メジャー組」が多く参戦することだ。大谷翔平（エンゼルス）、ダルビッシュ有（パドレス）、鈴木誠也（カブス）が続々と参戦表明。2009年大会と並ぶ最多タイの5選手がMLBから加わる。

「人脈」と「選手ファースト」栗山監督の人間力

侍ジャパンにはMLBでプレー中の日本人選手に加え、今オフにオリックスからポスティング・システムでレッドソックスに移籍が決まった吉田正尚も出場を志願。異例の参戦が決まった。日本人の母を持ち、長打力が魅力のラース・ヌートバー（カージナルス）もメンバー入りし、最強との呼び声が高い。

「ドリームチーム」の実現は、栗山監督だからこそ実現したといえる。

振り返れば、日本ハムの指揮官時代、花巻東高（岩手）からMLB入りを目指した大谷翔平を球団とともに説得し、逆転入団にこぎつけた。今回の代表入りについても、栗山監督は2021年オフに大谷と食事、昨年8月にも渡米して熱意を示した。同年12月には、今度はダルビッシュ有に会うために弾丸渡米している。

加えて、栗山監督は選手がシーズン前の大事な調整段階で出場するリスクに配慮していた。吉田はメジャー挑戦初年のため、春季キャンプの時期にチームを離れる可能性は低いとみられたが、栗山監督と話し合った上で代表入りを決断した。彼らが男気を見せたのは、栗山監督の存在が大きい。

メジャーリーガーたちが参戦を決めた背景には、WBCのブランド価値が高まり、MLB各球団が出場に理解を示したことも影響している。シーズン直前の大会は故障による離脱のリスクがあるため、選手も球団も参加に慎重だったが、国際大会をきっかけに、野球人気の隆盛につなげたいという機運が高まっている。

大谷の起用法を含め、どのようにチームを仕上げるか。〝侍ドリームチーム〟の完成した姿が楽しみだ。

投手

背番号	名前	年齢	所属	2022年シーズン成績							
				試合	勝	敗	セーブ	ホールド	投球回	三振	防御率
11	ダルビッシュ有	36	サンディエゴ・パドレス	30	16	8	0	0	194 2/3	197	3.10
12	戸郷翔征	22	読売ジャイアンツ	25	12	8	0	0	171 2/3	154	2.62
13	松井裕樹	27	東北楽天ゴールデンイーグルス	53	1	3	32	7	51 2/3	83	1.92
14	佐々木朗希	21	千葉ロッテマリーンズ	20	9	4	0	0	129 1/3	173	2.02
15	大勢	23	読売ジャイアンツ	57	1	3	37	8	57	60	2.05
16	大谷翔平	28	ロサンゼルス・エンゼルス	28	15	9	0	0	166	219	2.33
17	伊藤大海	25	北海道日本ハムファイターズ	26	10	9	1	1	155 2/3	112	2.95
18	山本由伸	24	オリックス・バファローズ	26	15	5	0	0	193	205	1.68
20	栗林良吏	26	広島東洋カープ	48	0	2	31	6	48 1/3	59	1.49
21	今永昇太	29	横浜 DeNA ベイスターズ	21	11	4	0	0	143 2/3	132	2.26
22	湯浅京己《あつき》	23	阪神タイガース	59	2	3	0	43	58	67	1.09
26	宇田川優希	24	オリックス・バファローズ	19	2	1	0	3	22 1/3	32	0.81
28	髙橋宏斗	20	中日ドラゴンズ	19	6	7	0	0	116 2/3	134	2.47
29	宮城大弥	21	オリックス・バファローズ	24	11	8	0	0	148 1/3	127	3.16
47	髙橋奎二	25	東京ヤクルトスワローズ	17	8	2	0	0	102 2/3	113	2.63

※選手は1月26日発表時点。年齢は大会本選開幕日の23年3月8日時点。

野手

背番号	名前	年齢	所属	2022年シーズン成績							
				ポジション	試合	打数	安打	本塁打	打点	盗塁	打率
10	甲斐拓也	30	福岡ソフトバンクホークス	捕手	130	323	58	1	27	1	.180
24	大城卓三	30	読売ジャイアンツ	捕手	115	346	92	13	43	1	.266
27	中村悠平	32	東京ヤクルトスワローズ	捕手	86	266	70	5	28	0	.263
1	山田哲人	30	東京ヤクルトスワローズ	内野手	130	469	114	23	65	10	.243
2	源田壮亮	30	埼玉西武ライオンズ	内野手	108	414	110	2	17	12	.266
3	牧 秀悟	24	横浜 DeNA ベイスターズ	内野手	135	509	148	24	87	3	.291
7	中野拓夢	26	阪神タイガース	内野手	135	569	157	6	25	23	.276
25	岡本和真	26	読売ジャイアンツ	内野手	140	520	131	30	82	1	.252
33	山川穂高	31	埼玉西武ライオンズ	内野手	129	448	119	41	90	0	.266
55	村上宗隆	23	東京ヤクルトスワローズ	内野手	141	487	155	56	134	12	.318
8	近藤健介	29	福岡ソフトバンクホークス	外野手	99	325	98	8	41	8	.302
9	周東佑京	27	福岡ソフトバンクホークス	外野手	80	288	77	5	15	22	.267
23	ラーズ・ヌートバー	25	セントルイス・カージナルス	外野手	108	290	66	14	40	4	.228
34	吉田正尚	29	ボストン・レッドソックス	外野手	119	412	138	21	88	4	.335
51	鈴木誠也	28	シカゴ・カブス	外野手	111	397	104	14	46	9	.262
16	大谷翔平	28	ロサンゼルス・エンゼルス	DH	157	586	160	34	95	11	.273

※選手は1月26日発表時点。年齢は大会本選開幕日の23年3月8日時点。

2006年の第1回大会決勝で日本はキューバを下し、初代王者となった。色とりどりの紙吹雪が舞う中、日本代表の選手たちはトロフィーへ手を伸ばした

WBC担当記者が大胆予想

優勝争いは日本とアメリカ、ドミニカの三つ巴

2006年の第1回大会からWBCを取材し続けているスポーツニッポン新聞社の秋村誠人記者が日本代表の戦い方とともに、優勝の行方を予想。出場各国が“史上最強”との呼び声が高い激戦。制するのはどの国か？

メジャーリーガー揃い踏み まさに世界一決定戦

うれしい。でも、怖い――。侍ジャパン・栗山英樹監督の言葉が第5回ワールド・ベースボール・クラシック（WBC）の大会の様相を如実に表していた。アメリカ、ドミニカ共和国、ベネズエラ……各国の代表にメジャーリーガー、それもトップレベルの選手たちが次々と出場を表明。2006年に第1回が開催された大会は、かつてないほどハイレベルになっている。

自宅のある北海道栗山町の栗山天満宮で、2023年の新年を迎えた栗山監督はこんな話をした。「個人的には、どのチームも最高のメンバーで戦いたいという夢もある。各チーム、どんどんメジャーリーガーが出てくる。本当に世界一の頂上決戦なんだと、野球ファンが思う大会になってほしいと昔から思っていた。そういう戦いができることに誇りと幸せを感じる」。と同時に「もの凄くうれしいけど、もの凄く怖いところもある」とも話した。WBC本番の年を迎えた本音だった。

ハイレベルな頂上決戦へ向かう侍

過去4大会の成績

	優勝	準優勝	ベスト4
2006年	日本	キューバ	韓国 ドミニカ共和国
2009年	日本	韓国	ベネズエラ アメリカ
2013年	ドミニカ共和国	プエルトリコ	日本 オランダ
2017年	アメリカ	プエルトリコ	日本 オランダ

ジャパンも、史上最強の呼び声が高いメンバーが揃った。

昨年のシーズンを終え、栗山監督の愛弟子でもある二刀流・大谷翔平（エンゼルス）がWBC参戦を表明したのを皮切りにダルビッシュ有（パドレス）、鈴木誠也（カブス）が続き、ポスティング・システム（入札制度）でレッドソックスへ入団したばかりの吉田正尚もメンバーに名を連ねた。日本人メジャーリーガーたちの参戦は、栗山監督が昨年1年をかけて直接本人たちと対話を進め、丁寧に出場への環境を整えてきた成果でもある。メジャーリーガーと国内組が融合し、ドリームチームが結成された。

その最強ジャパンで鍵を握るのが今、絶頂期にある大谷の起用法だ。二刀流でフル稼働させられるのかどうか。大谷が二刀流でフルに使えるなら、投手陣のバリエーションは格段にアップする。大谷、ダルビッシュ、山本由伸（オリックス）、佐々木朗希（ロッテ）の黄金ローテーションが可能。決勝に進めば合計7試合で、1次ラウンド（R）の1、2戦目に先発した投手が準々決勝に再び先発できる。準決勝、決勝は大会の流れ次第だが、1次Rで先発した大谷が準決勝以降は抑えに回ることも可能だ。ダルビッシュも優勝した第2回大会同様、先発から最後は抑えという起用も十分考えられる。

1次Rの球数制限は65球。これまでの大会同様に第2先発の役割が重要で、昨年11月の強化試合で結果を残した戸郷翔征（巨人）らに期待がかかる。リリーフ陣も抑えの大勢（巨人）や7、8回の重要なイニングを担う湯浅京己（阪神）らが経験の少ない国際大会で機能すれば、そう失点することはないはずだ。

野手では、昨年の若き三冠王・村上宗隆（ヤクルト）に鈴木、吉田、そして、大谷の強力な中軸打線は他国に引けを取らない。2021年夏の東京五輪金メダルメンバーの源田壮亮（西武）、山田哲人（ヤクルト）、近藤健介、甲斐拓也（ともにソフトバンク）らの経験は大きく、足のスペシャリスト・周東佑京（同）もここぞの場面で強力な武器になる。栗山監督は「とにかくチームが一番勝ちやすい形をつくる」と話している。

その侍ジャパンにとって、1次Rで難関となるのが宿敵の韓国だ。栗山監督は「2戦目の韓国戦が肝になってくる」と話している。スイッチヒッターで好守の二塁手・エドマン（カージナルス）が参戦するなど戦力は侮れない。なかでも投手陣は要警戒で、日本キラーともいわれる左腕の金廣鉉《キムグァンヒョン》をはじめ、鄭又榮《チョンウヨン》、高永表《コヨンピョ》は球に力がある。さらに一昨年の東京五輪でも日本戦に登板した高祐錫《コウソク》も含めて「五輪より球が全然、変わっている。本当によくなっている。あの辺の2人が1点リードで8回、9回にきたら簡単に点を取れない。難しい戦いになる」と栗山監督は強調した。

昨年11月の強化試合で対戦し、2連勝したオーストラリアにも、アテネ五輪など過去の国際大会で日本代表は痛い敗戦を喫している。昨年の対戦時には、オーストラリアはシーズン前の時期。チームとして仕上がってくる3月には警戒が必要だ。

日本の優勝は東京プール1位突破が鍵

準々決勝は、台湾プールから勝ち上がったチームとたすき掛けの対戦（双方の1位と2位が対戦）。台湾プールには、米国へ亡命したメジャーリーガーの参加が認められたキューバがいる。モンカダ、ロベルト（ともにホワイトソックス）らの参戦で「全然違うチームになる。凄く怖い」と栗山監督。戦力が格段に

POOL別 予選突破国予想

各POOL上位2国が準々決勝進出。◎＝予選突破本命、○＝対抗

POOL A	
チャイニーズ・タイペイ	○
オランダ	◎
キューバ	◎
イタリア	
パナマ	

POOL C	
アメリカ	◎
メキシコ	◎
コロンビア	○
カナダ	
イギリス	

POOL B	
日本	◎
韓国	◎
オーストラリア	○
中国	
チェコ共和国	

POOL D	
プエルトリコ	◎
ベネズエラ	○
ドミニカ共和国	◎
イスラエル	
ニカラグア	

上がったキューバが台湾プールを1位通過する可能性が高く、準々決勝で当たらないためには、東京プール1位突破が、侍ジャパンには世界一奪回へ一つの条件となる。

この準々決勝までが東京ドーム。大谷、ダルビッシュ、山本、佐々木らの強力投手陣がどこまで相手打線を抑え込み、大谷、村上、鈴木、吉田らの強力打線がいかに効果的に長打を打てるかが戦いのポイントだ。

日本以外の優勝候補は ドミニカとアメリカ

舞台をアメリカ・マイアミに移す準決勝、決勝は順当ならドミニカ共和国、アメリカが待ち構える。栗山監督は「ベネズエラも含めメジャーリーガーのチーム。そこをやっつけるという思いしかない」。とくにアメリカは、過去にない最強メンバーを揃えてきた。主将を務めるトラウト（エンゼルス）を筆頭に、昨年のナ・リーグMVPのゴールドシュミット（カージナルス）、アロンソ（メッツ）らの超重量打線で、遊撃手のターナー（フィリーズ）は堅守に加えて昨季27盗塁と足も使える。投手陣も通算197勝のドジャースのエース、カーショーをはじめ先発投手は全員2桁勝利の経験を持つ。抑えには昨年のワールドシリーズ覇者アストロズで33セーブを挙げたプレスリー。そのプレスリーにつなぐリリーフ陣も強力で、昨季34セーブのバード（ロッキーズ）、ベッドナー（パイレーツ）らで1イニングずつつながれると得点は容易ではない。

ドミニカ共和国も一昨年の本塁打王・ゲレロJr.（ブルージェイズ）、ラミレス（ガーディアンズ）、J・ロドリゲス（マリナーズ）らの強力布陣で、米国をしのぐ戦力という見方もある。

侍ジャパンが順当に勝ち上がれば、準決勝がアメリカとなる公算が高い。準決勝以降の球数制限は95球で、先発投手がどれだけ抑えられるかが鍵になる。ロースコアで、チャンスを機動力も生かして着実にものにする野球。そしてドミニカ共和国との対戦が想定される決勝は、投手陣は準々決勝と準決勝に先発した投手以外は総動員する覚悟で、総力で勝ちにいく。栗山監督の言う「魂を持って戦い、勝ちきる」野球が最後までできるなら、世界一奪回は夢ではない。

代表全メンバー&注目選手&戦力分析

海外19カ国
パーフェクトデータ

観戦を
10倍
楽しむ!

選手は2月10日発表時点。発表直後に速報として編集したため、国によって情報量にばらつきがある。

特別インタビュー

MLB研究家・福島良一

現役メジャーが大挙出場「過去最高」大会の注目選手

MLB研究家・福島良一氏が「今大会で見るべき選手」を紹介。前回優勝のアメリカ、2013年大会全勝優勝のドミニカ共和国など注目選手が目白押しだ。

MLB通算350本塁打を誇るマイク・トラウト（エンゼルス）

米国のMVPカルテット ドミニカも若きスター揃い

世界のオールスター戦と言っても過言ではない今大会。MLB研究家・福島良一氏が目を輝かせる。まず優勝候補筆頭のアメリカだ。

「大会史上最強のドリーム・チームが完成しました。チームの顔は主将で、シーズンMVP3度受賞のマイク・トラウト。2022年7月に彼がリクルート役を務め、次々とスター選手がWBC参加を表明するようになりました。現役最高の選手であり、同じエンゼルスの大谷翔平選手との『トラウタニ対決』が楽しみ。さらに、アメリカには『MVPカルテット』がいます。打線ではトラウトのほか、ベッツ（ドジャース）、ゴールドシュミット（カージナルス）、投手は通算197勝のカーショー（ドジャース）の4人。夢の打順としては1番・ベッツ、2番・トラウト、3番・ゴールドシュミット。このMVP経験者4人が最大の目玉です」

見どころはほかにもある。

「コーチ陣も凄いんです。あのケン・グリフィーJr.、通算256勝のペティット——MLBファンにとってレジェンド2人がベンチ入り。3月にこれほど興奮してしまうと、ワールドシリーズ終了まで体がもたないかもしれない（笑）」

もう一つの優勝候補がドミニカ共和国。主力は20代の若きスターたちだ。

「昨年サイ・ヤング賞投手のアルカンタラ（マーリンズ）は完投能力が高い。また、2020年ナ・リーグ首位打者のJ・ソト、2022年同リーグMVP投票2位のマチャド（ともにパドレス）、2021年に大谷選手とア・リーグMVPを争ったゲレーロJr.（ブルージェイズ）など、とにかく若い。若手は春先から飛ばしていく。最大の脅威はドミニカです」

プエルトリコも負けてはいない。

「最大の注目はモリーナ監督。昨年

身体能力抜群のムーキー・ベッツ（ドジャース）

昨季ナ・リーグＭＶＰのゴールドシュミット（カージナルス）

MLB通算630本塁打の大打者、ケン・グリフィーJr.は米国コーチ

2021年球宴ＭＶＰのブラディミール・ゲレーロJr.（ブルージェイズ）

まで現役で、ＭＬＢ史上最高の捕手と呼ばれました。ＷＢＣ過去２大会は捕手として準優勝の原動力となり、今回は監督としてデビューするわけです。選手では、前大会はアメリカ代表としてＭＶＰに輝いた先発ストローマン（カブス）に、絶対的守護神のＥ・ディアス（メッツ）。それにバエス（タイガース）、リンドア（メッツ）という鉄壁の二遊間コンビです」

ベネズエラでは、ＭＬＢ史上28人目の通算５００本塁打、同33人目の３０００安打を達成した大打者、Ｍ・カブレラ（タイガース）が参戦。さらに身長１６８センチの〝小さな大打者〟アルトゥーベ（アストロズ）の活躍にも注目したい。

また、亡命したＭＬＢ選手が出場可能となったキューバは、かつて世界一と呼ばれた『赤い軍団』の復活が期待される。

「２００６年の第１回大会決勝で日本と対戦して準優勝。その後の大会では決勝ラウンドに行けずに苦汁をなめてきましたが、ホワイトソックスの若きスターコンビ、モンカダとロベルトが参戦します。中南米勢では、メキシコの先発左腕Ｊ・ウリアス（ドジャース）にも注目です。２０２０年ワールドシリーズの胴上げ投手で、２０２１年には20勝、２０２２年は防御率２・16でそれぞれタイトルを獲得。主将に任命されています」

欧州、アジアはどうだろうか。

「オランダでは過去２度のセーブ王のジャンセン（レッドソックス）。２００９年初出場時は捕手でしたが、その後に投手転向を経てＷＢＣ４大会連続出場。カットボールが素晴らしい投手です。カナダには、２０２１年ブレーブスでワールドシリーズ優勝の立役者、フリーマン（ドジャース）がいます。韓国の注目は、エドマン（カージナルス）、パドレスの金河成（キム・ハソン）の二遊間コンビ。日本にとって脅威と言ってもいいほど抜群に守備がいい」

第５回にして、名実ともに過去最大規模の開催。福島氏は、大会の発展を願ってやまない。

「以前はオープン戦の延長の感が否めませんでしたが、今大会は参加も16カ国から20カ国に増え、レベルアップしています。将来的に、サッカーのワールドカップのような大会になっていくことを願っています」

POOL A

チャイニーズ・タイペイ

"台湾の山田哲人"やNPB3選手が参戦

昨季台湾リーグで本塁打王を獲得した吉力吉撈・鞏冠(味全)。迫力ある氏名は台湾原住民族であるパイワン族の名前。以前は「朱立人」という名前を使用していたが2019年に変更

NPB選手も主力担う 主要国際大会は19年以来

初の決勝ラウンド進出を目指すチャイニーズ・タイペイ。打の中心は2022年に台湾リーグで打率（3割3分5厘）、打点（83点）、安打（140安打）の3部門でリーグトップの成績を残し年間MVPに選ばれた林立（リン・リー＝台湾・楽天）。本塁打（14本）も吉力吉撈・鞏冠（ジーリージーラオ・ゴングァン＝味全）と並び、リーグトップの数字をマークしている（本塁打王は中華職業棒球大聯盟の規定で打数がより少なかった吉力吉撈・鞏冠）。

二塁手のMVP獲得は、台湾プロ野球史上初の快挙。原住民アミ族出身で、"台湾の山田哲人"とも呼ばれるスター選手だ。

投手では昨季リーグ3位の12勝を挙げ、林立とともに年間MVP候補にノミネートされていた黄子鵬（ホァン・ヅゥポン＝台湾・楽天）が中心となる。

NPBでプレーする選手は3人が出場。台湾プロ野球界の英雄、名遊撃手の呉復連氏を父に持つ呉念庭（ウー・ネンティン＝西武）、救援投手でNPB通算248試合登板、防御率2・96の実績を誇る宋家豪（ソン・チャーホウ＝楽天）、さらに台湾では2017年に2年連続打率4割で三冠王を獲得した王柏融（ワン・ボーロン＝日本ハム）の3人。王は昨季、15試合の出場にとどまり今オフに育成契約となったが、国の威信をかけた戦いでの奮起が期待される。

過去4大会成績

2006年	1次R敗退
2009年	1次R敗退
2013年	2次R敗退
2017年	1次R敗退

WBC2023チャイニーズ・タイペイ代表メンバー

位置	選手名	年齢	投打	所属
監督	林岳平（リン・イエピン）	41		
投手	呂彦青（ル・イェンチン）	26	左左	中信兄弟
	王維中（ワン・ウェイヴォン）	30	左左	味全
	陳冠宇（チェン・グァンユウ）	32	左左	楽天（台湾）
	C.C.リー（李振昌＝リー・チェンチャン）	36	右右	中信兄弟
	陳禹勳（チェン・ユーシュン）	33	右右	楽天（台湾）
	曽仁和（ツォン・レンファ）	28	左右	楽天（台湾）
	宋家豪（ソン・チャーホウ）	30	右左	楽天（日本）
	胡智為（フー・チーウェイ）	29	右右	統一
	陳冠偉（チェン・グァンウェイ）	26	右右	味全
	曽峻岳（ツォン・ジュンユエ）	21	右右	富邦
	黄子鵬（ホァン・ヅゥポン）	28	右左	楽天（台湾）
	江少慶（ジャン・シャウツィン）	29	右右	富邦
	陳仕朋（チェン・シーパン）	25	左左	富邦
	テン・カイウェイ	24	右右	ジャイアンツ傘下
捕手	吉力吉撈・鞏冠（ジーリージーラオ・ゴングァン）	28	右右	味全
	林岱安（リン・ダイアン）	30	右右	統一
	高宇杰（ガオ・ユージエ）	25	右右	中信兄弟
内野手	張育成（ジャン・ユーチェン）	27	右右	前レッドソックス
	鄭宗哲（チォン・ゾンジャ）	21	右左	パイレーツ傘下
	林子偉（リン・ズーウェイ）	28	右左	元ツインズ
	王威晨（ワン・ウェイチェン）	31	左右	中信兄弟
	呉念庭（ウー・ネンティン）	29	右左	西武（日本）
	范國宸（ファン・グオチェン）	28	右右	富邦
	林立（リン・リー）	27	右右	楽天（台湾）
	江坤宇（ジャン・クンユー）	22	右右	中信兄弟
外野手	郭天信（クオ・ティェンシン）	22	左右	味全
	王柏融（ワン・ボーロン）	29	右左	日本ハム（日本）
	陳晨威（チェン・チェンウェイ）	25	左右	楽天（台湾）
	陳傑憲（チェン・ジェシェン）	28	左右	統一
	成晋（チョン・ジン）	24	右右	楽天（台湾）

※選手は2月10日時点。年齢は開幕時点

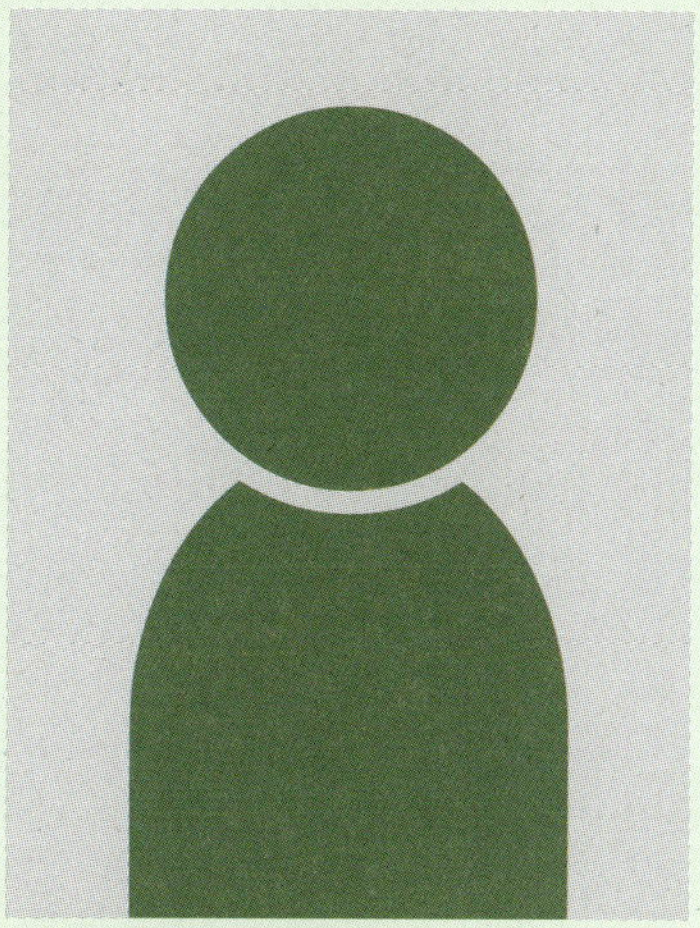

代表最年少指揮官
林岳平監督

リン・イエピン●1982年1月28日、台湾出身。2005年統一ライオンズ入団。13年間で通算468試合、33勝43敗、防御率3.88。先発から救援までこなした。WBCは09年第2回大会に出場。引退後、18年から統一でコーチ、20年監督。22年9月、代表史上最年少の40歳で監督に

戦力分析

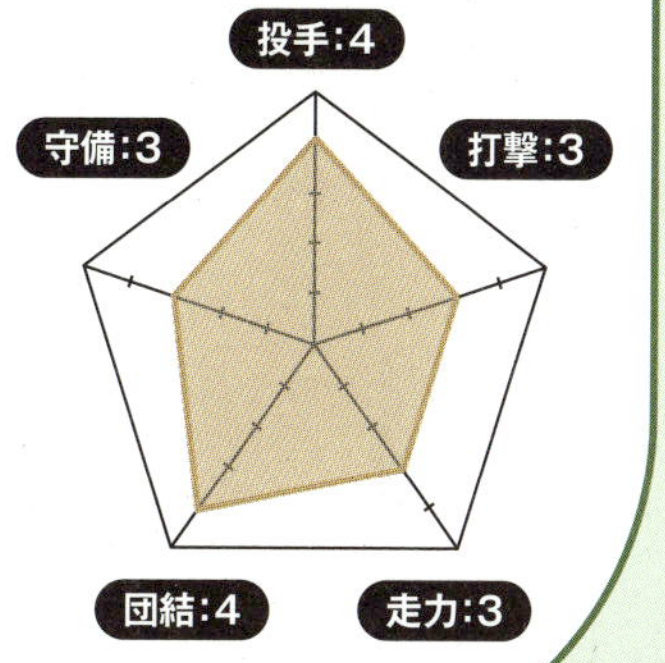

かつて日本でプレー経験のある３投手にも注目だ。元阪神の呂彦青（ル・イェンチン＝中信兄弟）は、２０２２年台湾シリーズの胴上げ投手。シーズンではリーグ３位の20セーブ、防御率１・98の好成績。横浜、ロッテに所属しＮＰＢ通算１３６試合登板の左腕・陳冠宇（チェン・グァンユウ）、日本ではＣ・Ｃ・リーの登録名だった元西武の李振昌（リー・チェンチャン）もメンバー入りした。

ＭＬＢ経験者も２選手が参戦。２０２２年オフにレッドソックスからＦＡとなった張育成（ジャン・ユーチェン）は、２０１９年にインディアンス（現・ガーディアンズ）でＭＬＢデビュー。２０２２年はパイレーツなど４球団で69試合に出場した。レッドソックス、ツインズでプレー経験のある林子偉（リン・ズーウェイ）も名を連ねる。

代表チームは、新型コロナウイルス感染拡大の影響で東京２０２０五輪最終予選出場を辞退。世界野球ソフトボール連盟（ＷＢＳＣ）が発表した２０２１年６月付の世界ランキングでは、首位の日本に次ぐ過去最高の２位だった。五輪不出場の悔しさを胸に総力を挙げて今大会に臨む。

ヤクルト時代の2013年に日本最多の60本塁打をマークしたバレンティンも出場予定。NPBでは通算1104試合、打率.266、301本塁打、794打点。22年春はメキシカンリーグ

POOL A

オランダ

ミューレン&バレンティン擁する欧州の強豪

キュラソー島出身多数 バレンティンは引退花道

オランダは前回大会で日本と同じく準決勝で惜しくも敗れ、2大会連続ベスト4にとどまった。今大会はチャイニーズ・タイペイ、キューバ、イタリア、パナマと同じプールA。オランダ王国はオランダ本国、アルバ、キュラソー、シント・マールテンの構成国からなり、代表は本国よりも、カリブ海に浮かぶキュラソー島出身の選手が多い。欧州きっての野球強豪国の一つとして知られる。

今大会、オランダ代表を率いるのは1994年ロッテ、1995～1996年ヤクルトでプレーし、今季からロッキーズで打撃コーチを務めるヘンスリー・ミューレン監督。NPBでは通算380試合に出場し、打率2割4分6厘、77本塁打、216打点を記録。オランダ領キュラソー島出身者の元メジャーリーガーで、今大会を含め3大会連続でオランダの代表監督を務める。

コーチ陣も豪華だ。キュラソー島出身で楽天にも在籍した、MLB通算434本塁打、1289打点、10年連続ゴールドグラブ賞を誇るアンドリュー・ジョーンズがベンチコーチを務め、外国人投手歴代1位の通算287勝で殿堂入りしたバート・ブライレブンや、現在ヤンキースでブルペンコーチを務めるマイク・ハーキーも。

投手陣の注目、ケンリー・ジャンセン（レッドソックス）もキュラソー島出身で、オールスターに3回選出され、2022年はナ・リーグのセー

過去4大会成績

2006年	1次R敗退
2009年	2次R敗退
2013年	ベスト4
2017年	ベスト4

WBC2023オランダ代表メンバー

位置	選手名	年齢	投打	所属
監督	ミューレン	55		
投手	ジャージェンス	37	右右	元ブレーブス
	サルバラン	33	右右	元カージナルス傘下
	ヒージャー	29	右右	元マリナーズ傘下
	プリンツ	22	右右	国内リーグ
	ブロック	26	右右	元タイガース傘下
	エスタニスタ	21	右右	フィリーズ傘下
	ファーリー	21	左左	国内リーグ
	バーガースジック	34	右右	国内リーグ
	フランセン	21	右右	レッズ傘下
	デグルート	23	右右	国内リーグ
	ケリー	19	右右	パイレーツ傘下
	ジャンセン	35	右両	レッドソックス
	ボルセンブローク	35	右右	元フィリーズ傘下
	ストロプ	37	右右	元カブス
	マルティス	35	右右	元ツインズ
	フロラナス	27	右右	元オリオールズ傘下
	カシミリ	21	右右	ブルージェイズ傘下
	ウエスト	26	右右	アストロズ傘下
	メンデス	23	右右	ダイヤモンドバックス傘下
捕手	トロンプ	27	右右	ブレーブス
	リカルド	32	右右	元レイズ傘下
	ループストック	29	右右	元ガーディアンズ傘下
内野手	ボガーツ	30	右右	パドレス
	シモンズ	33	右右	前カブス
	グレゴリウス	32	右左	前フィリーズ
	ケンプ	34	右両	元カブス傘下
	J. スコープ	31	右右	タイガース
	プロファー	30	右右	元レンジャーズ傘下
	R. パラシオス	25	右左	ガーディアンズ
	S. スコープ	35	右右	元オリオールズ傘下
	ウィール	30	右右	元ツインズ傘下
外野手	バレンティン	38	右右	元ヤクルト
	ベルナディーナ	24	左左	元ドジャース
	ディダー	28	右右	前マーリンズ傘下
	J. パラシオス	27	右左	パイレーツ傘下

※選手は2月10日時点、年齢は開幕時点

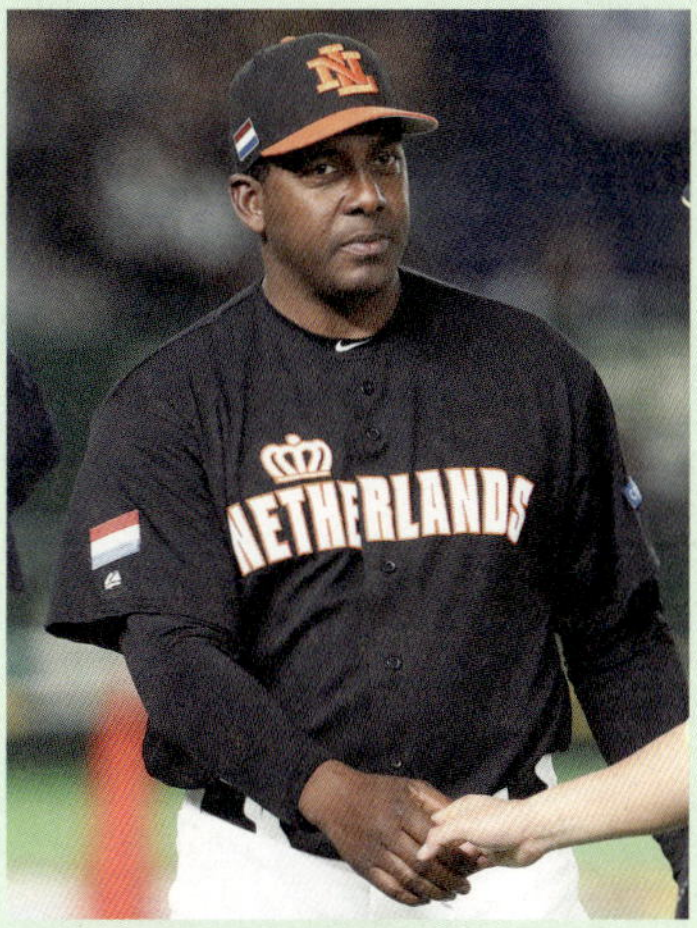

日本でもおなじみ
ヘンスリー・ミューレン監督

1967年6月23日、オランダ領キュラソー出身。89年ヤンキースでMLB初出場。94年から日本で3年間プレー。97年にエクスポズ（現・ナショナルズ）でMLB復帰。MLB通算182試合、打率.220、15本塁打、53打点。引退後はマイナーリーグなどでも指導。WBCは2013、17年大会も監督

戦力分析

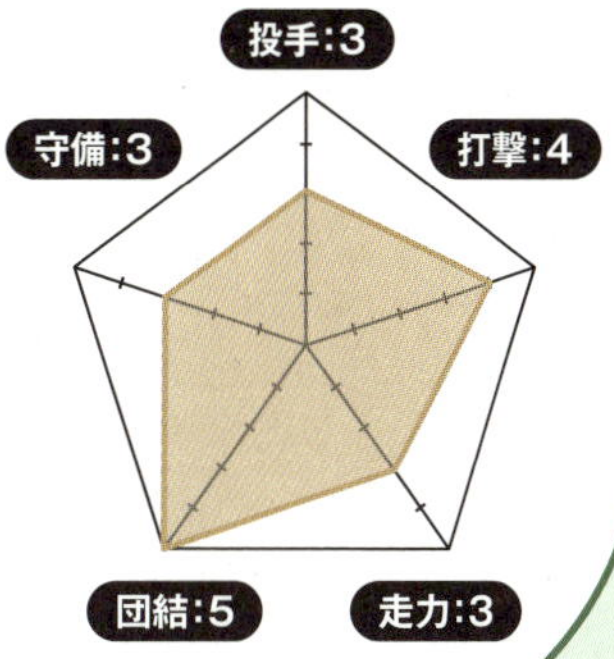

ブ王に。現役2位となる通算391セーブを記録しているが、2009年大会には捕手として出場。投手転向後も2013年大会から2大会連続出場と、異例の転向を果たした。マイアミでの決勝ラウンドに進出した場合、参戦が見込まれる。

野手では、2021年ブレーブスの世界一に貢献したオールスター二塁手、オジー・アルビーズの出場辞退は痛いが、2022年12月に11年総額約370億円でパドレスと超大型契約を結んだザンダー・ボガーツが選出された。2013年のMLBデビュー以降10年間レッドソックスでプレーし、通算打率2割9分2厘、156本塁打、683打点、74盗塁をマーク。WBCには2大会連続出場中で、いまやシモンズ（前カブス）に代わって豪華内野陣の中心的存在だ。

そして、ヤクルトでNPB最多記録となるシーズン60本塁打を樹立したウラディミール・バレンティンもエントリー。2017大会は準決勝プエルトリコ戦で先制2ランを含む3安打2打点。今大会をもって現役引退するが、有終の美を飾ることができるか。

キューバ復活のカギを握るヨアン・モンカダ。ホワイトソックスでは2019年、打率はリーグ３位の3割1分5厘

POOL A

キューバ

亡命メジャーリーガーの活躍が古豪復活のカギ

過去４大会成績	
2006年	準優勝
2009年	２次R敗退
2013年	２次R敗退
2017年	２次R敗退

MLB主力が打線けん引 救援陣は日本でおなじみ

２００６年第１回大会の準優勝国。五輪では１９９２年バルセロナ、１９９６年アトランタ、２００４年アテネの３大会で金メダルを獲得している古豪が復権を目指す。

そのカギを握るのが亡命選手の出場。主力選手の亡命は近年の成績低迷にもつながり、ＷＢＣでは２００９年から３大会連続で２次ラウンド敗退。さらに東京２０２０五輪は予選で姿を消し、初めて五輪出場を逃している。しかし、２０２２年末にアメリカ政府から許可が下り、今大会からＷＢＣで初めて亡命したメジャーリーガーが出場できることになり、注目を集めている。

２０２０年ア・リーグＭＶＰのホセ・アブレイユ、昨年オールＭＬＢチームの指名打者に選出されたヨルダン・アルバレス（ともにアストロズ）らスター選手のメンバー入りは実現しなかったが、昔から幾多のキューバ選手を輩出するホワイトソックスから若手コンビ、ヨアン・モンカダとルイス・ロベルトが打の中心として参戦する。

ＭＬＢ通算82本塁打のスイッチヒッター、モンカダは２０１４年に亡命し、２０１６年にレッドソックスでＭＬＢデビュー。２０１９年にはホワイトソックスで打率３割１分５厘（リーグ３位）、25本塁打、79打点といずれもキャリアハイの数字をマークした。一方、ロベルトは２０１６年に亡命し、翌２０１７年

WBC2023キューバ代表メンバー

位置	選手名	年齢	投打	所属
監督	ジョンソン	64		
投手	レイバ	33	右右	ハーモシーヨ（メキシコ）
	イエラ	33	左左	チャロス・デ・ハリスコ（メキシコ）
	モイネロ	27	左左	ソフトバンク
	ビエラ	34	右右	モンテレイ（メキシコ）
	R. マルティネス	26	右左	中日
	Y. ロドリゲス	25	右右	中日
	アルバレス	24	右右	中日
	クルス	23	左左	セントラレス
	エリアス	34	左左	カブス傘下
	ガルシア	33	左左	元阪神
	J. ロドリゲス	30	右右	ガナデロス
	レイエス	27	右右	カフェタレロス
	ボラニョス	26	右右	ロイヤルズ傘下
	ロメロ	28	右右	アスレチックス傘下
捕手	キンタナ	34	右右	ティグレス・デル・リセイ（ドミニカ）
	A. マルティネス	26	右右	日本ハム
	ペレス	22	右右	セントラレス
内野手	イバニェス	29	右右	タイガース傘下
	アルエバルエナ	32	右右	グアセイブ
	マテオ	27	右右	セントラレス
	グラシアル	37	右右	前ソフトバンク
	モンカダ	27	右両	ホワイトソックス
	ムヒカ	38	右左	セントラレス
	D. ガルシア	35	右右	タバカレロス
外野手	サントス	35	左左	元ロッテ（日本）
	ロベルト	25	右右	ホワイトソックス
	ドレイク	32	右右	元日本ハム
	セスペデス	37	右右	元メッツ
	デスパイネ	36	右右	前ソフトバンク
	ヒベルト	28	左左	アグリカルトレス

※選手は2月10日時点、年齢は開幕日時点

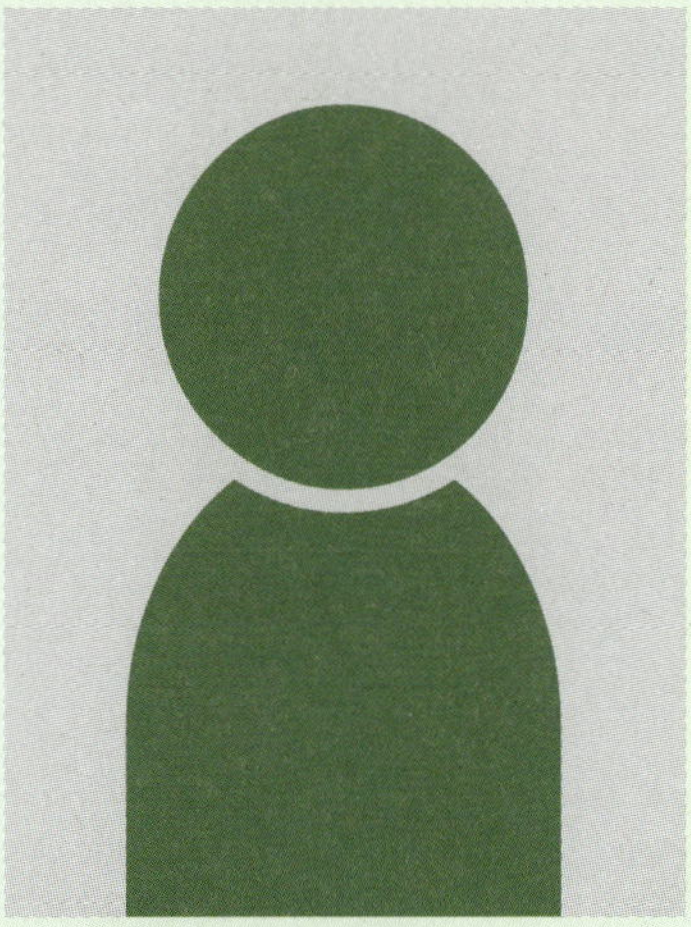

再建託された指揮官
アルマンド・ジョンソン監督

1958年6月15日、キューバ出身。2022年9月に代表監督就任。国内チーム「Los Piratas de La Isla」で19年間監督を務め、通算755勝、勝率5割超は球団史上最多。24年まで代表監督予定

戦力分析

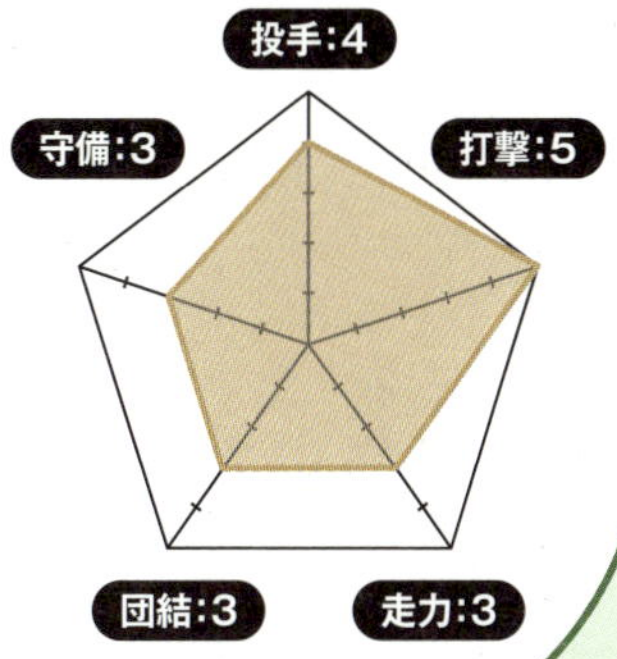

にマイナー契約。2019年にはマイナーで打率3割2分8厘、32本塁打、92打点、36盗塁。マイナーでの1シーズン30本塁打・30盗塁以上は、2014年のジョク・ピーダーソン（ジャイアンツ）以来。MLB1年目の2020年にはゴールドグラブ賞を受賞している。また、オールスター2度選出を誇る元メッツのヨエニス・セスペデスも選出された。

内野手のアンディ・イバニェスは2014年に亡命し、2021年にレンジャーズでMLBデビュー。2年間で通算116試合出場、打率2割5分8厘、8本塁打、34打点。2022年11月にタイガースへ移籍した。

NPBからは、各チームで勝利の方程式を担ってきた救援投手陣が出場する。昨季セ・リーグ最多セーブ王のライデル・マルティネス（中日）、最優秀中継ぎ投手のジャリエル・ロドリゲス（同）。2020年パ・リーグ最優秀中継ぎ投手のリバン・モイネロ（ソフトバンク）は、2022年に自己最多の24セーブ、防御率1・03を記録。日本ハムのアリエル・マルティネスも代表入りした。

大谷翔平（左）とエンゼルスでチームメートのデビッド・フレッチャー。弟のドミニク（ダイヤモンドバックス）とともに兄弟でWBCに挑む

POOL A

イタリア

監督は野茂英雄の女房役だったあのレジェンド

世界ランキングはプール最下位も勝機狙う

プールAには強豪国がひしめく。世界ランキング2位（2022年末時点）のチャイニーズ・タイペイ、2006年第1回大会で日本と雌雄を決したキューバ、欧州強豪国のオランダ。世界ランキングではパナマよりも下位で、イタリアは5カ国の中で最も低い16位。まずは2大会ぶりの1次ラウンド突破が目標となる。

監督は日本でもおなじみ、1990年代、ドジャースで野茂英雄氏とバッテリーを組んだ名捕手マイク・ピアザ氏が務める。MLB通算1912試合、打率3割8厘、427本塁打、1335打点と輝かしい数字を残し、殿堂入りも果たした。WBCでは2006年大会にイタリア代表選手として出場している。

そのピアザ監督にとって想定外だったのは、メジャーで実績のある選手たちが出場を取りやめたことだろう。ブルージェイズの守護神、ジョーダン・ロマノ、MLB通算125本塁打のトレイ・マンシーニ（アストロズ）、今オフに8年総額約215億円の大型契約を結んだブランドン・ニモ外野手（メッツ）がメンバー発表直前に出場を辞退している。

しかし、昨年メジャー1年目に72試合で10本塁打を放ち、今年ロイヤルズで4番候補の25歳、ヴィニー・パスカンティーノや、MLB若手有望株ランキング30位の外野手、サル・フレリックらの活躍に期待したい。

2013年大会出場のアンソニー・

過去4大会成績

2006年	1次R敗退
2009年	1次R敗退
2013年	2次R敗退
2017年	1次R敗退

WBC2023イタリア代表メンバー

位置	選手名	年齢	投打	所属
監督	ピアザ			
投手	ビアジーニ			元カブス
	カステラニ			アスレチックスFA
	ファンティ			元フィリーズ傘下
	フェスタ	29	右右	マリナーズ
	ガビグリオ			元ブルージェイズ
	ハービー	33	右右	オリオールズFA
	ラソルサ			レイズ傘下
	ロレンジーニ			ロッキーズ傘下
	マルシアーノ			ジャイアンツ傘下
	ニットーリ			カブス
	パランテ	24	右右	カージナルス
	ピナッジ			レッズ傘下
	スコッティ			メッツ傘下
	ティンパネッリ			レッズ傘下
	バサロッティ			ブルワーズ傘下
	ウッズ			ロイヤルズ傘下
	スタンポ			ダイヤモンドバックス傘下
捕手	フリスシア			フィリーズ傘下
	ミネオ			カブス傘下
	ミログリオ			ダイヤモンドバックス傘下
	サリバン			パドレス傘下
内野手	Da. フレッチャー	28	右右	エンゼルス
	ガルシア			元カブス
	ロペス	27	右左	ロイヤルズ
	マストロブオニ			カブス
	パスカンティーノ	25	左左	ロイヤルズ
	バレンテ			タイガース傘下
外野手	デルジオ			カブス傘下
	Do. フレッチャー	25	左左	ダイヤモンドバックス
	フレリック			ブルワーズ傘下

※選手は2月10日時点、年齢は開幕日時点

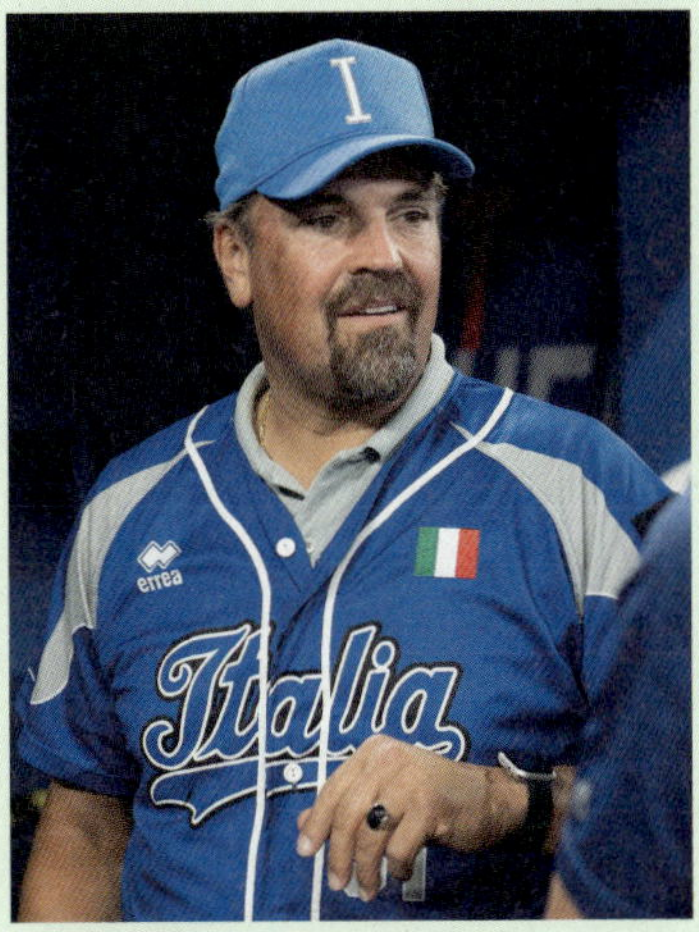

野茂英雄とバッテリー
マイク・ピアザ監督

1968年9月4日、アメリカ・ペンシルバニア州出身。92年ドジャースでMLBデビュー。93年新人王。96年9月17日のロッキーズ戦で野茂英雄とバッテリーを組み、ノーヒットノーランを達成した。球宴12度出場、2016年に野球殿堂入り。祖父がイタリア出身

戦力分析

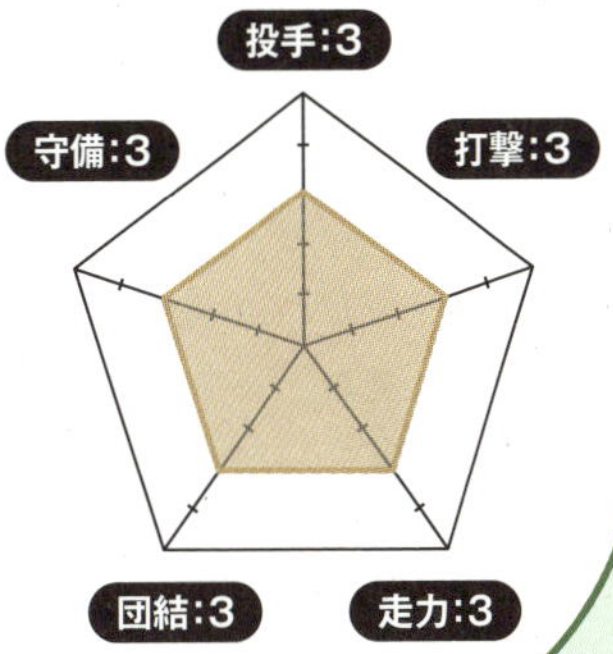

リゾ（ヤンキース）、2017年大会出場のニモがのちに球界を代表するスター選手となったように、次世代のスター候補が集まった。

「打」の注目選手は「フレッチャー兄弟」だ。兄のデビッド（エンゼルス）は大谷翔平のチームメートであり、イタリアが1次ラウンドを突破すれば、大谷と同門対決の可能性もある。弟のドミニク（ダイヤモンドバックス）は外野手。兄弟の出身はアメリカ・カリフォルニア州だが、母の出身地であるイタリア代表として出場することを決断した。

野手の注目はロイヤルズのニッキー・ロペス。二塁、遊撃、三塁のいずれも守れるユーティリティプレーヤーで、昨年は142試合に出場している。

投手では2022年に53試合登板、チームのブルペンを支えたマリナーズのマシュー・フェスタが心強い存在。先発ではカージナルスのアンドレ・パランテ、元メッツのエースでオールスターゲームにも先発したマット・ハービーが選出されている。ハービーはMLB通算50勝。先発陣がリリーフ陣につなげることができれば、強豪相手でも勝機はある。

扇の要を務めるイヴァン・エレーラ捕手。2000年1月、パナマ・シティ生まれの23歳。22年5月24日にメジャーデビューを果たしたばかり。若き捕手がチームの命運を握る

POOL A

パナマ

2009年以来3大会ぶり3度目

MLB組の中心は名捕手後継候補の22歳

パナマは2006年の第1回大会から出場も、直近2大会は予選敗退。今大会は自国開催の予選ラウンドを勝ち抜き、2009年の第2回大会以来、3大会ぶりの出場となる。

2022年9〜10月にパナマで行われた予選では、アルゼンチン、ブラジルと対戦。アルゼンチンに11―0、ブラジルに4―0と2試合連続完封勝ちで本大会出場を決めた。予選2試合で合計16安打15得点、守りでは被安打5の無失点。

強力な打線の中心を担ったのが、ロサンゼルス・ドジャース傘下1Aでプレーするホセ・ラモスだ。予選2試合で打率4割2分9厘、2本塁打、4打点。アルゼンチン戦では3回にリードを広げる2ラン、ブラジル戦では4回に先制2ランを放ち、19番目の参加国として本大会出場を決める原動力となった。2022年はマイナーリーグで自己最多となる25本塁打をマークしており、今年ブレークする可能性のある選手だ。

本大会では現役MLB選手が加わり、攻守でさらなるパワーアップが期待される。

メジャーリーガーのなかでも要と目される選手が23歳の若手有望株、イバン・エレーラ捕手（カージナルス）。2022年4月に3Aで打率2割6分1厘をマークした後、20試合で打率3割1分、出塁率4割5厘の活躍が認められ、5月にMLBデビューし11試合に出場。守備力も高

過去４大会成績

2006年	１次R敗退
2009年	１次R敗退
2013年	予選R敗退
2017年	予選R敗退

WBC2023パナマ代表メンバー

位置	選手名	年齢	投打	所属
監督	オルティス			
投手	H. アラウス	27	右右	パナマ
	バルドナド	30	左左	パナマ
	バリア	26	右右	パナマ
	シエンフエゴス		左左	カナダ
	デルガド	33	右右	パナマ
	エスピーノ		右右	パナマ
	フエンテス		右右	パナマ
	J. ゴンサレス	22	左左	パナマ
	S. ゴンサレス	30	右右	パナマ
	ゲラ		右左	パナマ
	ゲレーロ	25	右右	パナマ
	ハーディー	27	右左	アメリカ
	ローレンス	28	右右	パナマ
	ルナ	26	右右	パナマ
	メヒア	26	右右	パナマ
	オテロ		左左	パナマ
	ペレイラ	23	右右	パナマ
	ロメロ	39	左左	パナマ
捕手	サンチェス	29	右右	パナマ
	E. カバレロ	21	右両	パナマ
	エレーラ	22	右右	パナマ
内野手	コルドバ	27	右右	パナマ
	ベタンコート	31	右右	パナマ
	ムニョス	31	右右	パナマ
	チン		右左	パナマ
	J. アラウス	24	右両	パナマ
	J. カバレロ	26	右右	パナマ
	ライト	22	右右	パナマ
	テハダ	33	右右	パナマ
外野手	サンタマリア		右右	パナマ
	サントス	26	右右	パナマ
	ラモス	22	右右	パナマ
	ジョーンズ		右右	アメリカ
	カスティーヨ	33	右両	パナマ
	オロスコ	27	右両	パナマ

※選手は2月10日時点、年齢は開幕日時点

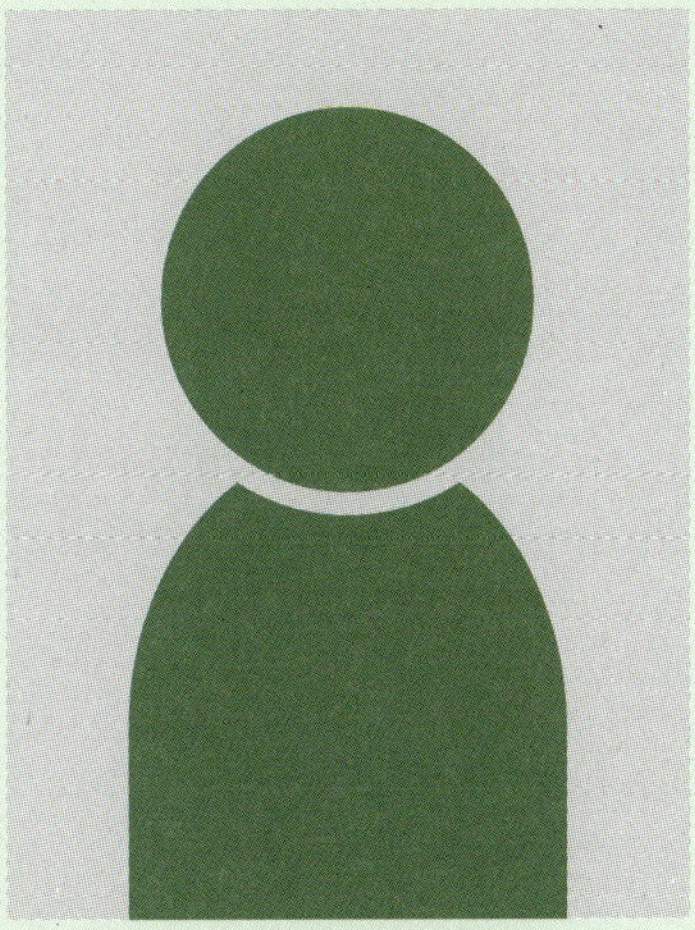

MLBスカウト経験豊富
ルイス・オルティス監督

1958年8月11日、パナマ出身。2019年12月から代表監督。現役時代はMLBヤンキース傘下でプレーしたが、けがもあって引退。以降スカウトとして、98年からレンジャーズ、03年からブレーブス傘下に在籍。母国でプロリーグチームの監督、代表では三塁コーチの経験あり

戦力分析

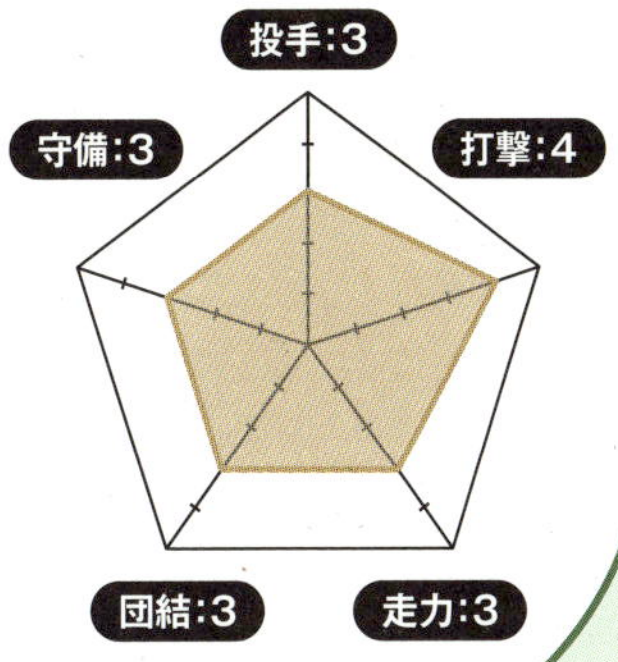

く評価されており、同年はマイナーで33捕殺、4失策、守備率9割9分3厘をマーク。カージナルス一筋19年間在籍し、ゴールドグラブ賞を9度も受賞した名捕手、今大会でプエルトリコ代表監督を務めるヤディエル・モリーナ氏の後継者としても期待されている。

また、2022年にアスレチックス、レイズの2球団でプレーしたクリスチャン・ベタンコートにも注目したい。現在は捕手兼一塁手だが、パドレス時代には投打の二刀流に挑戦したこともあった。今回は内野での起用が予想されている。

投手陣では、メジャー1年目に先発で10勝を挙げたハイメ・バリア（エンゼルス）、2021年にデビューしたジャスティン・ローレンス（ロッキーズ）、中継ぎ投手としての起用が予想されるパオロ・エスピーノ（ナショナルズ）、MLB11年間で6球団を経験した右腕、ハビー・ゲラ（ブルワーズ）の4投手が加わった。なかでも、エンゼルスで大谷翔平の同僚、バリアに注目したい。2018年に新人で10勝した実績がある。

韓国系米国人として初めて韓国代表に加わるトミー・エドマン(カージナルス)。2021年にナ・リーグ二塁手のゴールドグラブ賞を獲得した。韓国の二遊間守備は今大会屈指

POOL B

韓国

打倒・日本――2009年大会決勝の雪辱期す

過去4大会成績

2006年	ベスト4
2009年	準優勝
2013年	1次R敗退
2017年	1次R敗退

MLBから韓国系米国人 二遊間の守備は必見

韓国は3月10日、1次ラウンドで日本と激突。WBCでの対戦は実に5100日ぶりとなる。代表を率いる李強喆（イ・ガンチョル）監督は、国内通算152勝の名投手。強打者を揃えたチームの本気度は凄まじく、名勝負を予感させる。

韓国籍メジャーリーガーのうちパイレーツの崔志萬（チェ・ジマン）は肘の手術を理由に代表から外れたが、トミー・エドマンが韓国系米国人として初めて韓国代表に加わる。日本代表のラーズ・ヌートバーと同じカージナルス所属で、夫人はシオタニの姓を持つ日系米国人であり、日本にゆかりのある選手だ。2021年にはナ・リーグ二塁手でゴールドグラブ賞を獲得している。

そのエドマンと二遊間を組むと予想されるのが、パドレスの金河成（キム・ハソン）。2022年は150試合に出場して11本塁打。今大会屈指の二遊間との呼び声も高い。

元ツインズで長年韓国代表の4番を務めてきた朴炳鎬（パク・ビョンホ）は、2022年に35本塁打で本塁打王を獲得。攻守に抜かりない内野陣がチームの核となる。

外野には、2022年MVPに輝いた李政厚（イ・ジョンフ）が加わった。打率3割4分9厘、23本塁打、113打点と圧倒的な成績を残した24歳のスターは、元中日の李鍾範（イ・ジョンボム）氏の長男だ。2023年シーズン終了後のMLB

WBC2023韓国代表メンバー

位置	選手名	年齢	投打	所属
監督	李強喆(イ・ガンチョル)	56		KT
投手	高祐錫(コ・ウソク)	24	右右	LG
	鄭又栄(チョン・ウヨン)	23	右右	LG
	高永表(コ・ヨンピョ)	31	右右	KT
	蘇珩準(ソ・ヒョンジュン)	21	右右	KT
	李庸燦(イ・ヨンチャン)	34	右右	NC
	元発仁(ウォン・テイン)	22	右右	サムスン
	金元中(キム・ウォンジュン)	29	右左	ロッテ(韓国)
	朴世雄(パク・セウン)	27	右右	ロッテ(韓国)
	郭彬(クァク・ビン)	23	右右	斗山
	鄭哲元(チョン・チョルウォン)	23	右右	斗山
	金廣鉉(キム・グァンヒョン)	34	左左	SSG
	金允植(キム・ユウソク)	22	左左	LG
	梁玹種(ヤン・ヒョンジョン)	35	左左	KIA
	李義理(イ・ウィリ)	20	左左	KIA
	具昌模(ク・チャンモ)	26	左左	NC
捕手	李知栄(イ・ジョン)	37	右右	キウム
	梁義智(ヤン・ウィジ)	35	右右	斗山
内野手	崔廷(チェ・ジョン)	36	右右	SSG
	金慧成(キム・ヘソン)	24	右左	キウム
	呉智煥(オ・ジファン)	32	右左	LG
	朴炳鎬(パク・ビョンホ)	36	右右	KT
	姜白虎(カン・ベッコ)	23	右左	KT
	金河成(キム・ハソン)	27	右右	パドレス
	トミー・エドマン	27	右両	カージナルス
外野手	李政厚(イ・ジョンフ)	24	右左	キウム
	金賢洙(キム・ヒョンス)	35	右左	LG
	朴海旻(パク・ヘミン)	33	右左	LG
	羅成範(ナ・ソンボム)	33	左左	KIA
	朴健祐(パク・コンウ)	32	右右	NC
	崔知訓(チェ・ジフン)	25	右左	SSG

※選手は2月10日時点、年齢は開幕日時点

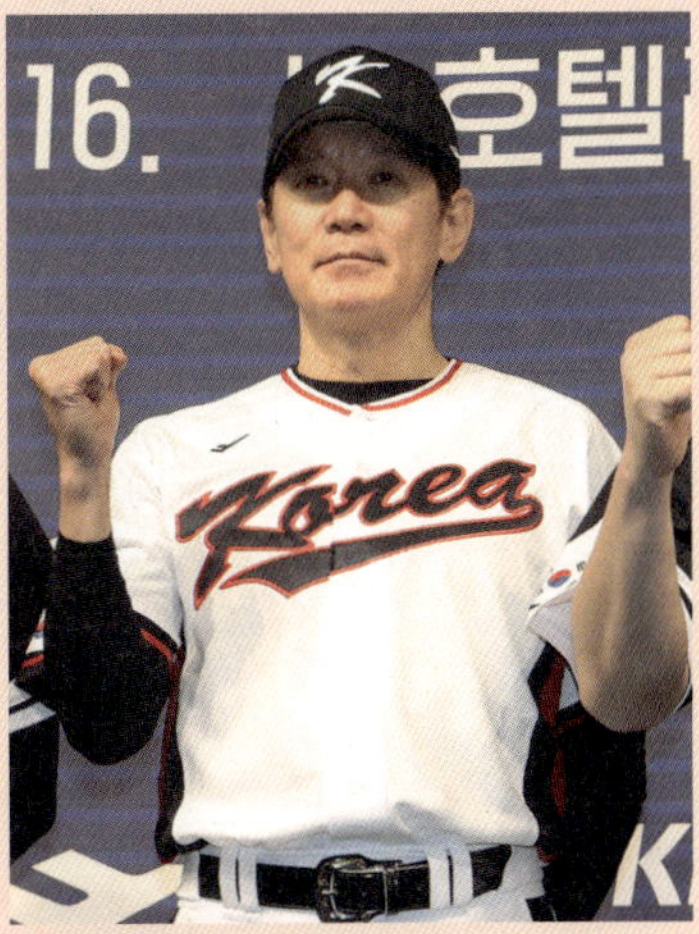

韓国歴代4位152勝投手
李強喆 監督

イ・ガンチョル●1966年5月24日、韓国出身。現役時代は投手として韓国リーグ歴代4位の152勝を挙げた。現在は同リーグのKTウィズ一軍監督。代表では2017年アジアプロ野球チャンピオンシップ（APBC）などで投手コーチ

戦力分析

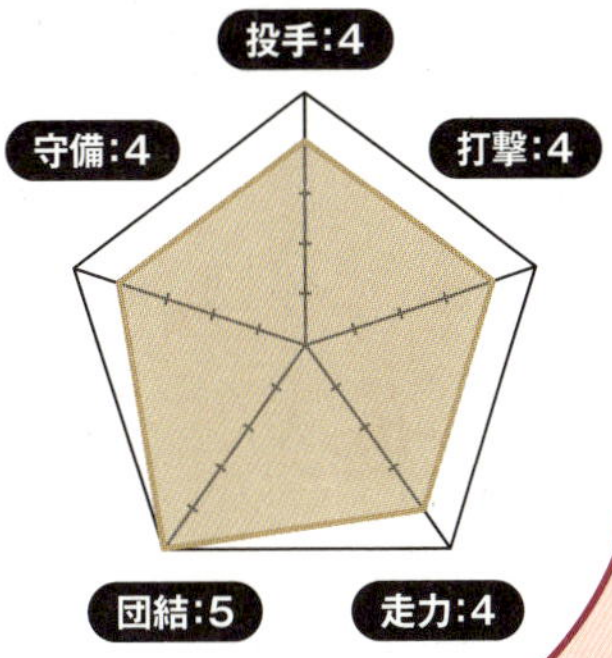

移籍を目指す。また、35歳の梁義智（ヤン・ウィジ）、37歳の李知栄（イ・ジヨン）と2人のベテラン捕手も代表入りし、チームをまとめあげる。

投手陣では、2022年に15勝をマークした安佑鎮（アン・ウジン）が、高校時代の暴力行為が問題視され選出を逃した。昨年13勝を挙げ、2009年の第2回大会にも出場した元カージナルスの金廣鉉（キム・グァンヒョン）が先発ローテーションの中心となる見通し。セットアッパーの鄭又栄（チョン・ウヨン）、守護神の高祐錫（コ・ウソク）らリリーフ陣への継投のタイミングが、勝利への鍵になりそうだ。

2013年から2大会連続で1次リーグ敗退を喫し辛酸をなめてきたが、今大会は最終メンバーを早々に発表するなど準備に余念がない。また、主将の元オリオールズ・金賢洙（キム・ヒョンス）にも注目だ。日本と激突した2009年大会決勝では、3番・左翼で先発出場。1点を追う9回裏に四球を選び、土壇場の同点劇を生んだ。今大会、まずは東京ドームで14年越しの「打倒・日本」を目指す。

デトロイト・タイガースで2016年から3年間プレーしたワーウィック・ソーボルド。２大会連続出場で、先発ローテーションの柱として期待されている

POOL B

日本球界を知る監督・コーチが率いる
オーストラリア

初の1次ラウンド突破へ 軸はMLB経験者

5大会連続出場のオーストラリアは、これまで1次ラウンド止まり。初の2次ラウンド進出を目指し、今大会は日本球界を知る首脳陣、メジャー経験者を揃えた。

デイブ・ニルソン監督は現役時代にブルワーズに所属し、MLB通算837試合、打率2割8分4厘、105本塁打、470打点を記録。2000年には中日で登録名「ディンゴ」でプレーした。選手としての国際大会出場は、五輪が2000年シドニー、2004年アテネ（銀メダル）、WBCは2006年第1回大会。現在は、米独立リーグのレイクカントリー、母国のプロ野球リーグ・ブリスベンでも監督を務めるなど経験が豊富だ。

また、日本ハム、巨人、西武でプレーしたマイケル中村コーチも入閣。NPBで通算288試合、14勝9敗104セーブ。情報戦では日本にとって脅威となりそうだ。

ホワイトソックスの守護神リアム・ヘンドリックスが悪性リンパ腫の治療に専念するため参加できず、現役メジャーリーガーはいないが、投打ともにMLB経験者2人が軸となる。

右腕ワーウィック・ソーポルドはタイガースに2016年から3年間在籍。MLB通算82試合で8勝4敗、防御率4・98。WBCは2大会連続出場となる。昨年11月の日本との強化試合では第1戦の先発を務めた。

外野手のアーロン・ホワイトフィー

過去４大会成績

2006年	１次R敗退
2009年	１次R敗退
2013年	１次R敗退
2017年	１次R敗退

WBC2023オーストラリア代表メンバー

位置	選手名	年齢	投打	所属
監督	ニルソン	53		
投手	アサートン	33	右右	国内リーグ
	ソーポルド	33	右右	国内リーグ
	ガイヤー	28	右右	国内リーグ
	ニューボーン	25	右右	国内リーグ
	グロゴスキ	24	右右	レッズ傘下
	ホランド	29	右右	国内リーグ
	ドゥーラン	24	右右	ドジャース傘下
	バンスティーンセル	32	右右	国内リーグ
	ウィルキンス	33	右右	国内リーグ
	ケント	33	左左	国内リーグ
	ケネディ	28	左左	国内リーグ
	マグラス			国内リーグ
	シェリフ			ダイヤモンドバックス傘下
	オラフリン			タイガース傘下
	タウンゼンド			マリナーズ傘下
捕手	ホール	23	右両	ブルワーズ傘下
	パーキンス	28	右右	国内リーグ
	マカードル			国内リーグ
	バタグリア			国内リーグ
内野手	ジョージ	29	右右	国内リーグ
	ウェイド	31	右両	国内リーグ
	グレンディニング	27	右右	ロイヤルズ傘下
	ウィングローブ	22	右左	フィリーズ傘下
	デイル	22	右右	パドレス傘下
	スペンス			国内リーグ
	ボウウィー			国内リーグ
外野手	ケネリー	36	右右	国内リーグ
	ホワイトフィールド	26	右右	エンゼルス傘下
	ボジャルスキ	24	右右	国内リーグ
	キャンベル	31	右左	国内リーグ

※選手は2月10日時点、年齢は開幕日時点

元中日の「ディンゴ」
デイブ・ニルソン監督

1969年12月14日、オーストラリア出身。現役時代は強打の捕手として活躍。92年から8年間ＭＬＢブルワーズ。99年にオーストラリア人選手で初の球宴選出。同年には野茂英雄とバッテリー。2000年は中日で登録名「ディンゴ」。WBCは06年第1回大会出場。18年6月に監督就任

戦力分析

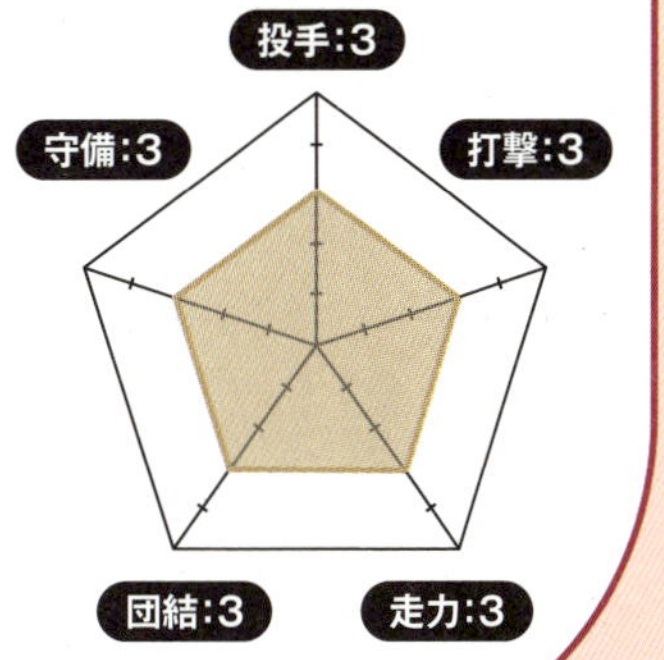

ルドは、昨年エンゼルスで大谷翔平の同僚となり5試合に出場。同年マイナーで79試合、打率2割6分2厘、9本塁打、38打点、29盗塁をマークし、11月の日本戦は2番で2試合に先発出場。もとはソフトボール選手で、2020年にツインズでMLBデビューを飾った。走塁と守備に定評があり、マイナー時代に4度も年間30盗塁以上を決めている。

ホワイトフィールドのほかにロイヤルズの若手有望株、昨年2Aで22本塁打を記録したロビー・グレンディニング内野手など選手の3分の1にあたる10人はマイナーの選手たち。残りは国内リーグの選手たちで編成されるが、2022～2023年シーズンの王者アデレード・ジャイアンツのジョーダン・マカードル捕手は、今年2月のチャンピオンシップシリーズでMVPに輝いており、チームの要として注目される。

昨年11月の日本との強化試合は2試合ともに大敗。しかし、当時は代表選手の多くが所属する自国リーグ（ABL）の開幕前で、選手のコンディションは調整段階にあった。本大会に向けて上昇してくる可能性は大きいだけに侮れない存在だ。

中国代表入りが最初に明らかになった救援右腕の朱権（ジュ・グォン）。韓国ではＫＴに所属し、リリーフの中心として活躍している

POOL B

中国

情報統制のベールに包まれたダークホース

韓国リーグで活躍の救援エースが出場表明

中国は5大会連続出場。国内の野球を統括する中国棒球協会は、2022年には代表選考会を兼ねた野球大会を実施し、国内の10チーム、200選手以上が参加したという。大会は四川省チームが優勝し、代表合宿も開かれたもようだが、詳細について発表は見当たらない。その後も情報は明らかにされておらず、不気味な存在となっている。

情報がなかなか公開されないなかで、中国代表として前回大会にも出場した救援右腕の朱権（ジュ・グォン）が、いち早く2023年1月にWBC出場を表明した。

朱は現在、韓国リーグのKTでプレー。181センチの長身で、140キロ台後半の直球とチェンジアップを組み合わせた投球が持ち味だ。左打者相手に投げることが多く、2019年はチームのリリーフエースを務め、2020年にはリーグトップの31ホールドをマーク。77試合、防御率2・70といずれもキャリアハイの成績を残した。

生まれは中国・吉林省。父が中国人で母が韓国人。2005年に韓国に移住し、2007年に韓国籍を取得した。野球は高校時代から本格的に取り組み、ドラフト1位指名を受けて2015年、KTに入団。韓国プロ野球初の中国系選手となった。

元ソフトバンクで社会人野球の日立製作所・真砂勇介外野手も代表入り。日本出身選手の中国代表入りは

過去４大会成績

2006年	１次R敗退
2009年	１次R敗退
2013年	１次R敗退
2017年	１次R敗退

WBC2023中国代表メンバー

位置	選手名	年齢	投打	所属
監督	ディーン・トリーナー	75		
投手	カーター		右右	エンゼルス傘下
	ゴォン・ハイチェン			
	ジュ・グォン	27	右右	KT(韓国)
	リン・チアン			
	チ・シン			
	スー・チャンロン			
	スン・ハイロン			
	ワン・ウェイイ			
	ワン・シーアン			
	ワン・ユチェン			
	ユイ・ジアン			
	ヂァン・ハオ			
	ヂャオ・フーヤン			
	ヂェン・チャオクゥン			
野手	ツァオ・ジエ			
	レイ・チャン			元レッズ傘下
	チェン・チェン(三塁)			
	チェン・チェン(捕手)			
	ハン・シャオ			
	コゥ・ヨンカン			
	リー・ニン			
	リー・イーファン			
	リャン・ペイ			
	リャン・ロンジ			
	ルウ・ユン			
	ルアン・チェンチェン			
	ルオ・ジンジュン			
	リュー・ユーハン			
	真砂勇介	28	右右	元ソフトバンク
	ヤン・ジン			

※選手は2月10日時点、年齢は開幕時点

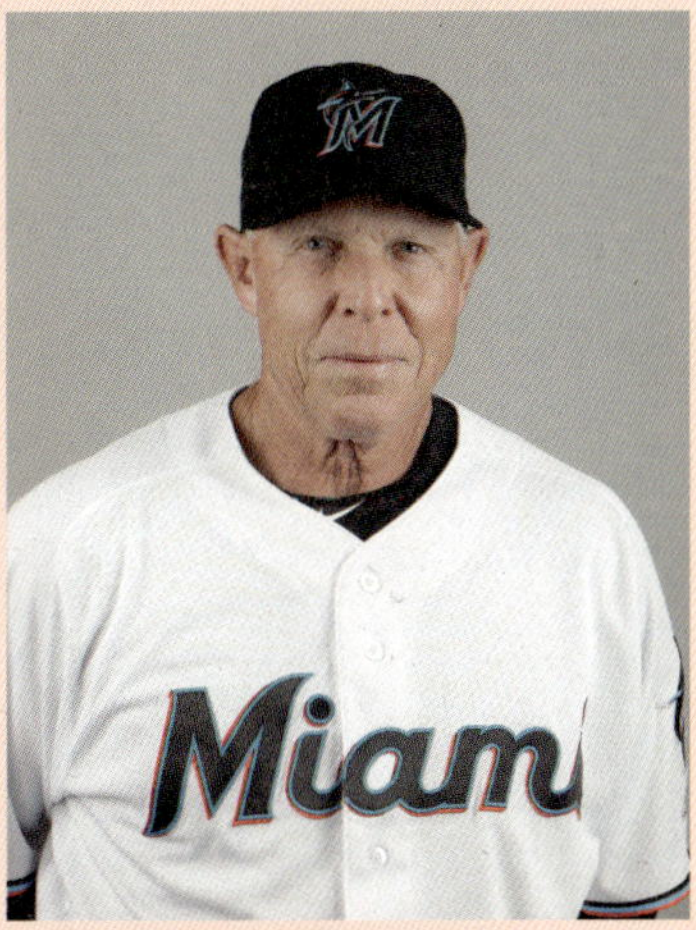

選手引退後は麻薬捜査官
ディーン・トリーナー

1947年12月8日、アメリカ出身。現役時代は、肩の負傷で引退し、その後は地元で警察の麻薬捜査官として潜入捜査。指導者として球界復帰後は、マイナーリーグの投手コーチとしてMLB球団を渡り歩いた。2016年から2019年にはマイアミ・マーリンズで投手コーチを務めた

戦力分析

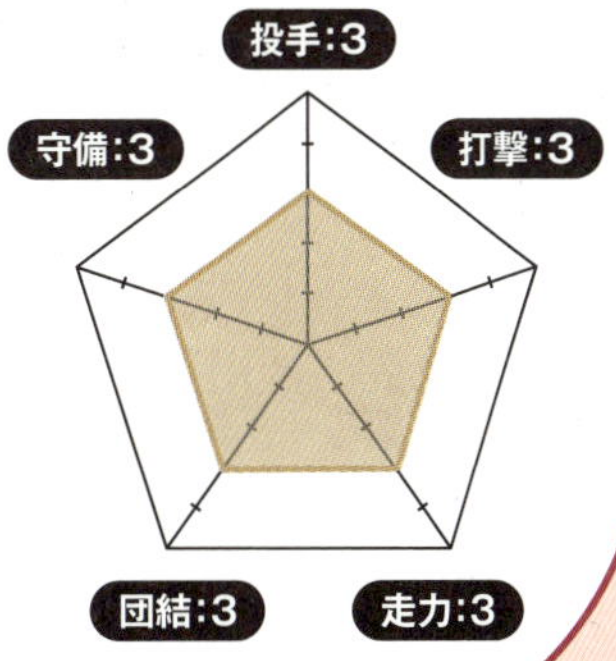

初めてで、父が中国の国籍であることから出場条件を満たしたという。高校通算52本塁打を放ち、ドラフト4位で入団したソフトバンク時代は右の長距離砲として期待され、左の大砲・柳田悠岐の愛称「ギータ」になぞらえ、「ミギータ」と呼ばれた。

　また、シンガポール出身の中国系2世で、米国の大学で抑えとして活躍したアラン・カーター投手も加入している。

　中国国内の報道によると監督は、2016～2019年にマーリンズの投手コーチだったディーン・トリーナー氏が務める、とある。肩の負傷で現役引退を余儀なくされ、引退後は警察で麻薬捜査官だった時期があるという。

　コーチ陣には過去のWBC出場者が名を連ねているようだ。中国リーグで本塁打王を獲得したこともある王偉（ワン・ウェイ）氏は、2006年第1回大会の日本戦でチーム初得点の2ランを放った。マリナーズではマイナーでプレーし、ユース代表では監督を務めたことも。中国系アメリカ人のレイ・チャン氏はWBCに選手として3度出場。今大会は打撃・内野の担当とされる。

チェコ共和国代表で唯一のメジャー経験者として代表入りしたエリク・ソガード。眼鏡がトレードマークで、打撃、守備時も着用している

POOL B

チェコ共和国

メジャー経験者と現役消防士がチームの顔

二刀流のベテラン右腕 普段の仕事は消防士

チェコ共和国が本大会初出場。唯一のメジャー経験者として、アスレチックスなどに11年間在籍したエリク・ソガード内野手が加入した。アメリカ・アリゾナ州生まれだが、1月にチェコ共和国の市民権を取得。チームリーダーとして期待される。

代表チームはWBC2大会連続で予選敗退。三度目の正直で挑んだ今大会の予選は、昨年9月にドイツで行われ、ドイツ、スペイン、フランス、イギリス、南アフリカと同組だった。初戦で本大会進出有力候補とされていたスペインに7―21と大敗を喫するも、敗者復活戦でフランスに7―1、ドイツに8―4と連勝。最後は本大会への切符を懸けて再びスペインと対戦し、3―1で勝利を収めた。この組ではフランス、ドイツ、スペインを破ったイギリスとともに初出場となる2国が勝ち上がった。

大一番のスペイン戦で快投した右腕マーティン・シュナイダーは、代表チーム最高の投手と称される37歳のベテラン。先発を務めた予選最終戦のスペイン戦は6回1/3を投げ、無四球1失点5奪三振。初回に先制点を与えるも、その後は無失点に抑えて流れを引き戻し、味方の反撃につなげた。

また、シュナイダーは遊撃手との二刀流選手であり、国内リーグでは過去に投手で防御率、打者で本塁打、安打数、打点、盗塁、得点のタイトルを獲得している。リーグ戦は週末

過去4大会成績

2006年	―
2009年	―
2013年	予選R敗退
2017年	予選R敗退

WBC2023チェコ共和国代表メンバー

位置	選手名	年齢	投打	所属球団
監督	チャディム	51		
投手	ベセルカ		右右	チェコ
	パディサク	22	右右	チェコ
	メルガンス	21	右右	チェコ
	カプカ	24	右右	チェコ
	ノバク	29	左右	チェコ
	トメク	31	右右	チェコ
	バート		左左	アメリカ
	エルコリ	26	左右	チェコ
	フロウフ	22	右右	チェコ
	ミナリク	29	右右	チェコ
	シュナイダー	37	右右	チェコ
	コバラ	19	右右	チェコ
	サトリア	26	右右	チェコ
	ダフェク	33	左右	チェコ
捕手	セルヴェンカ	30	右右	チェコ
	ヴァブルサ	31	右右	チェコ
内野手	エスカラ		右右	アメリカ
	ハイトマー	35	右右	チェコ
	クビサ	24	右左	チェコ
	メンシク	24	右右	チェコ
	プロコップ	20	右右	チェコ
	スモラ	25	右左	チェコ
	ソガード		右左	アメリカ
	ジーマ	33	右右	チェコ
外野手	チュラプ	24	右右	チェコ
	デュボヴィ	30	右右	チェコ
	グレプル	23	右右	チェコ
	クレジェリク		右左	チェコ
	ミュジク	26	右右	チェコ

※選手は2月10日時点、年齢は開幕時点

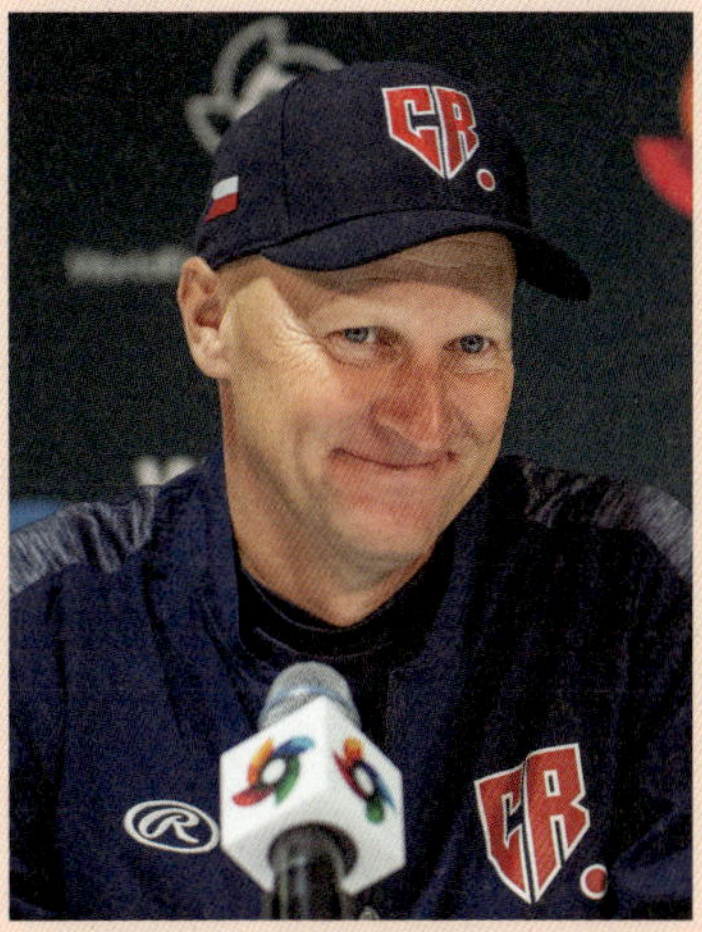

選手時代は救援&外野
パヴェル・チャディム監督

1971年7月8日、チェコ出身。2021年12月、代表監督就任。過去にU21代表監督を務め、2014年WBSC U21(現U23)W杯5位。現役時代は救援投手と外野手。国内リーグのドラッチ・ブルノでは、チームの10連覇に貢献。代表でも主力だった。10年IBAFインターコンチネンタル杯出場時は監督

戦力分析

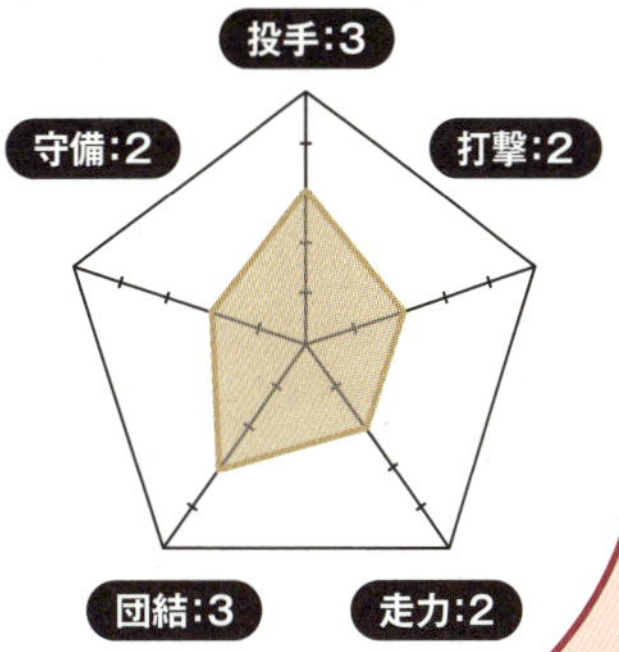

に開催されるが、普段は消防士として勤務しているため、週に1試合は欠場するという。2022年は投手で10試合、1勝0敗4セーブ、防御率1・42。打者で打率3割4分4厘、1本塁打7打点を記録している。

予選最終戦のスペイン戦でシュナイダーの後を受けてマウンドに上がった右腕マレク・ミナリクは、過去にフィリーズとパイレーツ傘下に在籍。大敗したスペインとの初戦では先発の役目を果たせなかったが、大事な一戦では無失点の快投。本大会初出場に貢献した。ジョージアエ科大の19歳、ミハル・コバラほか将来有望な若手投手の活躍も楽しみだ。

正捕手のマーティン・セルヴェンカも、マイナーリーグで10年の経験を持つベテラン。メッツ傘下などでプレーしており、今大会予選は全試合で先発マスクをかぶり、ドイツ戦では2本塁打をマークしている。

チェコはユース代表の実績が光る。欧州選手権では2010年、2014年のU21、2019年のU23、2021年のU15など各大会で優勝。セルヴェンカから代表のなかには、2015年に日本で行われたU18W杯に出場した選手もいる。

POOL C

アメリカ

メンバー通算「2230本塁打」の超強力打線

大谷翔平のチームメートであり、スーパースターのマイク・トラウト（エンゼルス）。MVPを3度受賞し、「史上最高の選手」との呼び声も高い

タイトルホルダー大集結 まさにオールスター

　オールスター級といわれる豪華選手が集まった今回の米国チーム。大谷翔平と同じエンゼルスのスーパースター、マイク・トラウトが主将を務める。3度のMVP獲得を誇る打者・トラウトと、投手・大谷の同門対決も今大会注目の一つだ。

　とくに野手のメンツが凄い。外野手では2022年46本塁打でナ・リーグ本塁打王に輝いたカイル・シュワバー（フィリーズ）が参戦。内野手ではナ・リーグ本塁打2位のピート・アロンソ（メッツ）、同リーグで85年ぶり三冠王誕生か、と騒がれたポール・ゴールドシュミット（カージナルス）が選出された。また、昨季、三塁のゴールドグラブ賞に10年連続で輝いたノーラン・アレナド（カージナルス）に加え、ナ・リーグ首位打者のジェフ・マクニール（メッツ）、2021年同リーグ首位打者と盗塁王のトレイ・ターナー（フィリーズ）も加入した。

　捕手には「球界最高の捕手」と言われ、2022年にゴールデングラブ賞とシルバースラッガー賞をダブル受賞したJ・T・リアルミュート（フィリーズ）が名を連ねる。

　投手ではサイ・ヤング賞3度受賞のクレイトン・カーショー（ドジャース）のほかに、通算197勝のカーショーに肉薄する195勝を誇るアダム・ウェインライト（カージナルス）ら、2桁勝利クラスの実力派が先発陣に揃う。抑えには、2022

過去4大会成績

2006年	第2R敗退
2009年	ベスト4
2013年	第2R敗退
2017年	優勝

WBC2023アメリカ代表メンバー

位置	選手名	年齢	投打	所属
監督	デローサ	48		
投手	コルテス	28	左右	ヤンキース
	M.ケリー	34	右右	ダイヤモンドバックス
	カーショー	34	左左	ドジャース
	リン	35	右両	ホワイトソックス
	マイコラス	34	右右	カージナルス
	シンガー	26	右右	ロイヤルズ
	ウェインライト	41	右右	カージナルス
	レイリー	34	左左	メッツ
	バード	37	右右	ロッキーズ
	ベッドナー	28	右左	パイレーツ
	アダム	31	右右	レイズ
	グレーブマン	32	右右	ホワイトソックス
	オッタビノ	37	右両	メッツ
	プレスリー	34	右右	アストロズ
	ウィリアムズ	28	右右	ブルワーズ
捕手	リアルミュート	31	右右	フィリーズ
	ヒガシオカ	32	右右	ヤンキース
	スミス	27	右右	ドジャース
内野手	アロンソ	28	右右	メッツ
	ゴールドシュミット	35	右右	カージナルス
	マクニール	30	右左	メッツ
	アレナド	31	右右	カージナルス
	アンダーソン	29	右右	ホワイトソックス
	ターナー	29	右右	フィリーズ
	ウィット	22	右右	ロイヤルズ
外野手	トラウト	31	右右	エンゼルス
	ベッツ	30	右右	ドジャース
	ムリンス	28	左左	オリオールズ
	シュワバー	30	右左	フィリーズ
	タッカー	26	右左	アストロズ

※選手は2月10日時点、年齢は開幕時点

今大会が監督デビュー
マーク・デローサ監督

1975年2月26日、アメリカ・ニュージャージー州出身。1998年ブレーブスでメジャー初出場、主に二塁、三塁手で16季プレー。レンジャース、カブスなど8球団に所属し、MLB通算1241試合出場、打率.268、100本塁打、494打点。引退後はMLB関連番組で司会。ペンシルバニア大出身

戦力分析

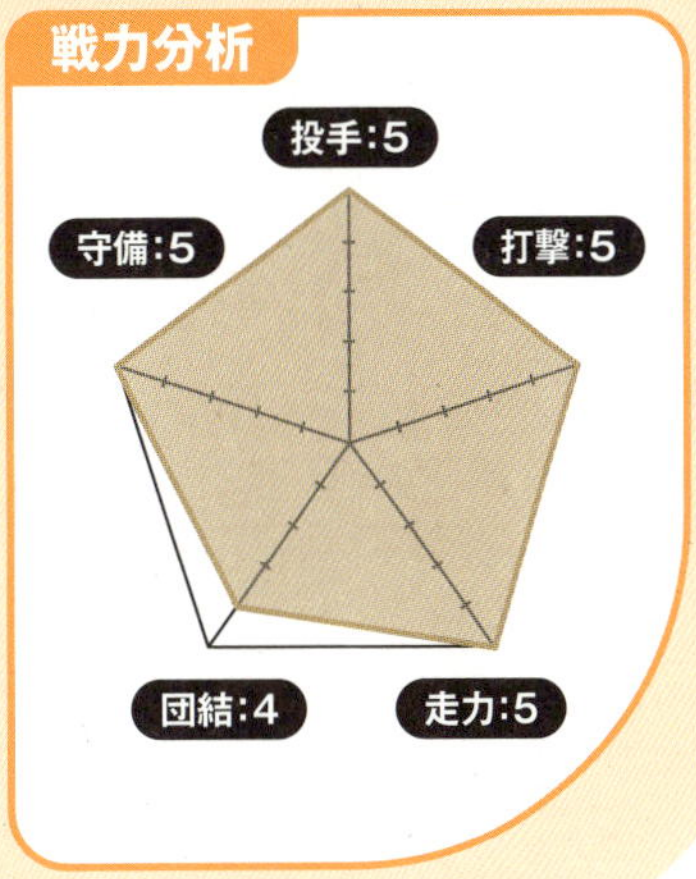

年ワールドシリーズを制覇したアストロズの守護神ライアン・プレスリーが予定され、元巨人のマイルズ・マイコラス（カージナルス）も控える盤石の態勢だ。

史上最強の呼び声高いアメリカチームの指揮官は、テレビ番組「MLBセントラル」の司会を務めるマーク・デローサ監督。現役時代はユーティリティプレーヤーとして活躍し、2009年の第2回大会に出場している。

コーチ陣も豪華だ。長年マリナーズに在籍し通算630本塁打、殿堂入りも果たしたケン・グリフィーJr.氏が打撃コーチに就任。投手コーチにはヤンキースなどで活躍した通算256勝のアンディ・ペティット氏が起用された。ブルペンコーチには、1983年にノーヒットノーランを達成した64歳のデーヴ・リゲッティ氏、三塁コーチには2018年までエンゼルスで指導したディノ・イーベル氏が選出されるなど、そうそうたる顔ぶれが一堂に会した。

準決勝で日本を下し、決勝でプエルトリコを倒して初優勝を飾った第4回大会から6年。名実ともに〝MLBオールスター〟で連覇へ挑む。

左腕フリオ・ウリアス（ドジャース）が代表主将。2020年ドジャースのワールドシリーズ制覇時は胴上げ投手となった

POOL C

メキシコ

MLBで一線級の強力な先発3本柱

ナ最多勝左腕が主将 キューバ出身亡命選手も

3大会ぶりの2次ラウンド進出を狙うメキシコ。MLB第一線で活躍する強力投手陣を武器に決勝ラウンド進出もにらむ。

先発陣には、2022年にメジャーで2桁勝利を挙げた3投手がいる。代表主将を務める左腕フリオ・ウリアス（ドジャース）は2020年ドジャースが世界一に輝いた時の胴上げ投手。2021年に両リーグ最多の20勝を挙げ、昨年は17勝、ナ・リーグ1位の防御率2・16をマーク。球界を代表する大投手、カーショーを押さえてエースの地位を確立。平均球速150キロの直球にカーブ、チェンジアップを駆使する。

右腕ホセ・ウルキーディ（アストロズ）は、昨年29試合に登板し13勝8敗、防御率3・94。自身初の2桁勝利でチームの世界一に貢献。ワールドシリーズでは通算3勝無敗、防御率1・23と大舞台での実績もある。

昨年12勝の右腕、タイファン・ウォーカー（フィリーズ）、さらにエンゼルスでエース大谷翔平と共に先発ローテーションの一角を担う左腕パトリック・サンドバルも代表入り。また、救援右腕ジオバニー・ガジェゴス（カージナルス）、元オリックスのセサル・バルガスも選出された。

最大の驚きは、昨年チームトップの35本塁打をマークした左の大砲ロウディ・テレス（ブルワーズ）の代表入り。アメリカ・カリフォルニア州出身で両親はユダヤ系だが、メキ

過去4大会成績

2006年	2次R敗退
2009年	2次R敗退
2013年	1次R敗退
2017年	1次R敗退

WBC2023メキシコ代表メンバー

位置	選手名	年齢	投打	所属
監督	ジル	50		
投手	アルメンタ	22	左左	フィリーズ傘下
	アサド	25	右右	カブス
	セサ	30	右右	レッズ
	クルス	27	右右	フィリーズ傘下
	ガジェゴス	31	右右	カージナルス
	マルティネス	26	右右	アスレチックス
	レイエス	29	右右	エンゼルス傘下
	リオス	29	右右	レッズ
	ロメロ	26	左左	カージナルス
	サンチェス	33	右右	パドレス傘下
	サンドバル	26	左左	エンゼルス
	J. ウリアス	26	左左	ドジャース
	ウルキーディ	27	右右	アストロズ
	バルガス	31	右右	モンテレイ（メキシコ）
	ウォーカー	30	右右	フィリーズ
	サスエタ	26	左左	ティフアナ（メキシコ）
捕手	バーンズ	33	右右	ドジャース
	カーク	24	右右	ブルージェイズ
内野手	アランダ	24	右左	レイズ
	パレデス	24	右右	レイズ
	テレス	27	左左	ブルワーズ
	トレホ	26	右右	ロッキーズ
	L. ウリアス	25	右右	ブルワーズ
	バレンスエラ	28	右右	モンテレイ（メキシコ）
外野手	アロサレーナ	28	右右	レイズ
	カルドナ	28	右右	モンテレイ（メキシコ）
	デュラン	26	右左	レッドソックス
	メネセス	30	右右	ナショナルズ
	トーマス	22	左左	ダイヤモンドバックス
	バードゥーゴ	26	左左	レッドソックス

※選手は2月10日時点、年齢は開幕日時点

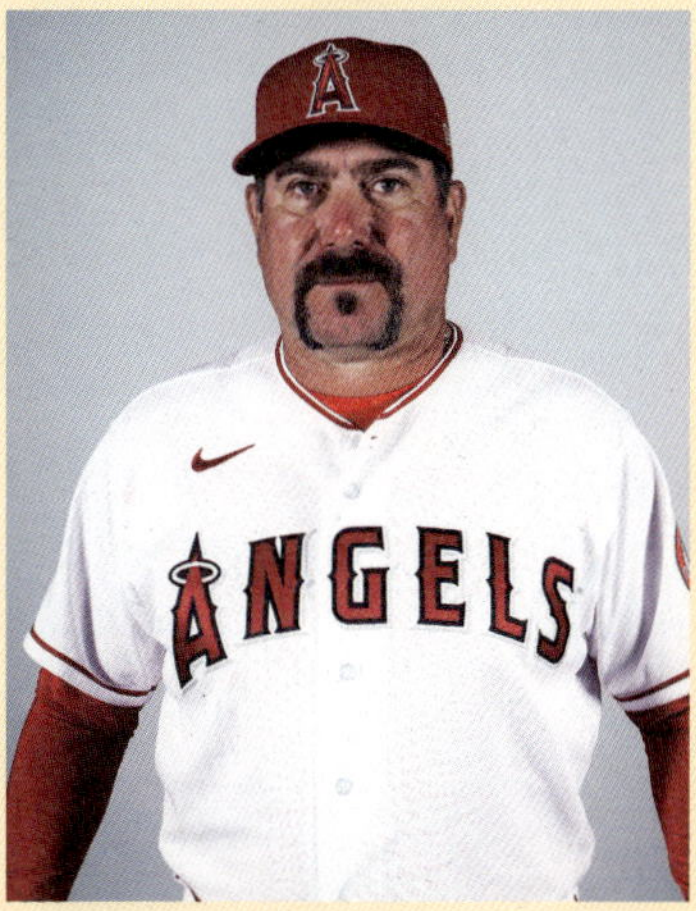

東京2020五輪監督
ベンジ・ジル監督

1972年10月6日、メキシコ出身。現役時代は内野のユーティリティー・プレーヤーとしてレンジャーズ、エンゼルスで8季プレー。2002年ワールドシリーズ優勝。WBCは06年第1回大会代表。東京2020五輪代表監督(8強)。22年はエンゼルスでコーチ

戦力分析

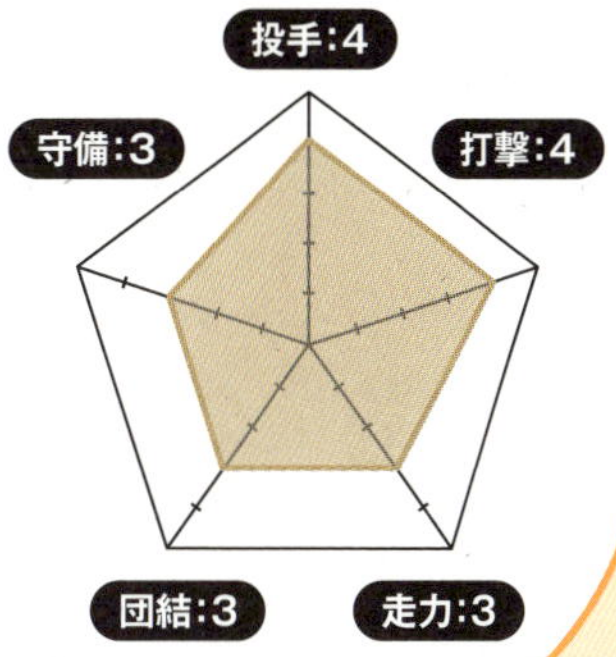

シコにルーツがあるという。
野手ではほかに、2019年オリックスに在籍し、昨年8月に30歳でメジャーデビュー、13本塁打のジョーイ・メネセス（ナショナルズ）も代表に復帰。そして昨年、投打の二刀流宣言で話題になったアレックス・バードゥーゴ（レッドソックス）も健在。過去の代表チームにはないほどの攻撃力を誇る。

また2021年のア・リーグ新人王、キューバ出身のランディ・アロサレーナ（レイズ）がメキシコ代表として出場。2020年のリーグ優勝決定シリーズでポストシーズン最多10本塁打、29安打を放ち、その名が知れわたった。足にも自信があり、昨年は自己最多の32盗塁をマークしている。

大会の組み合わせでは、次々と優勝候補と対戦する。1次ラウンドでは優勝候補筆頭のアメリカと同じプールC。リーグ2位で準々決勝に進出しても、同じく優勝候補のドミニカ共和国、プエルトリコと対戦する可能性が高い。しかし、メキシコは2006年大会でアメリカを撃破し、「アナハイムの奇跡」を起こしてみせた。実力あるメキシコの大物食いに注目だ。

POOL C

コロンビア

初の〝本戦スタート〟で強豪国撃破なるか

2019年まで４年連続で２桁勝利のホセ・キンタナ(メッツ)。昨年オフにカージナルスからFAとなり、メッツ入りした

投手はベテラン左腕が柱 元・鷹の「助っ人」が監督

２０１７年の第４回大会で本大会初出場を果たしたコロンビアは、今回、初めて予選を戦わずに本大会からスタートする。

予選を勝ち上がった前回大会は、優勝国となったアメリカ、２０１３年第３回大会優勝のドミニカ共和国、そしてカナダと1次ラウンドを戦い、カナダからＷＢＣ初勝利を挙げたものの敗退。今大会もアメリカ、カナダなどと同組で厳しい戦いを強いられそうだが、主力のメジャーリーガーを中心に強豪国に食らいつきたい。

投手では、メジャー11年で通算89勝を誇るホセ・キンタナ（メッツ）に注目。２０１２年にホワイトソックスでメジャーデビューし、２０１７年途中までプレー。その後シカゴ・カブスに２０２０年まで在籍。２０１６～２０１９年は2桁勝利を挙げた。しかし、２０２０年、２０２１年は低迷。２０２１年はエンゼルス、ジャイアンツを渡り歩いたが1勝もできず。昨年はパイレーツでシーズンをスタートして3勝。シーズン途中に加入したカージナルスでは3勝2敗、防御率２・01をマークした。シーズン通算は6勝7敗、防御率はキャリアハイの２・93だった。

野手では、昨年11月にツインズからエンゼルスにトレードで移籍したジオ・ウルシェラが代表入り。昨年は自己最多の１４４試合に出場し、打率２割8分5厘、13本塁打、64打

過去４大会成績

2006年	―
2009年	―
2013年	予選R敗退
2017年	１次R敗退

WBC2023コロンビア代表メンバー

位置	選手名	年齢	投打	所属
監督	カブレラ	50		
投手	キンタナ	34	左右	メッツ
	クエバス	32	右両	元レッドソックス
	ガリンド	22	右右	パドレス傘下
	ヘレラ	25	右右	西武
	アルメイダ	27	左左	元エンゼルス傘下
	クリスマット	28	右右	パドレス
	コレア	23	右右	カブス傘下
	アルカラ	25	右右	元マーリンズ傘下
	ガルシア	27	右右	レッズ傘下
	ロメロ	28	右右	前ツインズ
	R.ゴメス	28	左左	レッドソックス傘下
	Y.ゴメス	29	左左	元ガーディアンズ傘下
捕手	ディアス	32	右右	ロッキーズ
	カンペロ	25	右両	エンゼルス傘下
	アルファロ	29	右右	前パドレス
	ビロリア	25	右左	前レンジャーズ
内野手	サンチェス	32	右右	前ナショナルズ
	フリアス	20	右両	ガーディアンズ傘下
	ソラノ	35	右右	前レッズ
	メンドーサ	26	右右	パドレス傘下
	ペルトス	22	右右	カブス傘下
	ディアス	22	右右	アスレチックス
	ウルシェラ	31	右右	エンゼルス
外野手	ラミレス	28	右右	レイズ
	マリアガ	24	右右	元ダイヤモンドバックス傘下
	メルカド	28	右右	前フィリーズ
	ポロ	28	右右	ナショナルズ傘下

※選手は2月10日時点、年齢は開幕時点

新指揮官は鷹の助っ人
ホルベルト・カブレラ監督

1972年12月8日、コロンビア出身。現役時代は1998〜2004年インディアンス(現・ガーディアンズ)などMLB3球団。05年からソフトバンクで2季通算221試合出場、打率.281、16本塁打、108打点。退団後はMLB復帰。17年第4回大会の代表コーチ、22年11月に監督

戦力分析

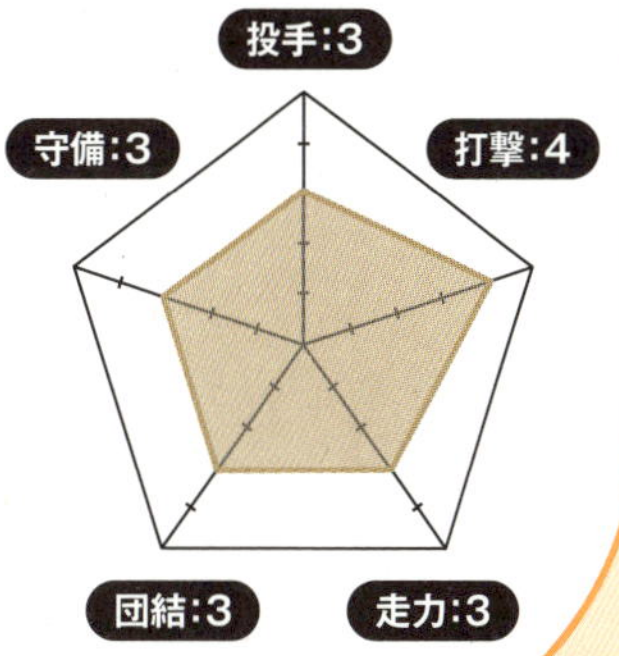

点。143安打も自己最多の数字を残した。

ほかにも捕手にはメジャー7年のキャリアを持つホルヘ・アルファロ(前パドレス)、内野にはメジャー9年の実績を誇る35歳のドノバン・ソラノ、外野には2019年メジャー1年目に15本塁打を放ったオスカル・メルカド(カージナルス傘下)らがいる。

1998年にホルベルト・カブレラ監督が現役選手としてデビューした当時は、コロンビア出身のメジャーリーガーはわずか3人。しかし、昨年は13人と着実に力をつけている。ちなみにカブレラ監督は、メジャーで15年間活躍したオルランド・カブレラの兄。同監督は2005年からソフトバンクで2シーズンプレー。NPB通算221試合で打率2割8分1厘、16本塁打を記録。内外野どこでも守れる万能選手だった。

昨年末時点での世界ランキングでは、カナダの14位を上回る11位。プールCで格上の2カ国である優勝候補筆頭のアメリカ(世界ランキング3位)、そして東京2020五輪8強のメキシコ(同5位)を脅かしたい。

ドジャースのフレディ・フリーマンはアメリカ生まれだが、両親の故郷であるカナダ代表に。カナダ代表として２大会連続出場

POOL C

カナダ

MLB2000安打目前の「安打製造機」が参戦

過去４大会成績

2006年	１次R敗退
2009年	１次R敗退
2013年	１次R敗退
2017年	１次R敗退

監督は5大会連続指揮 投手陣はMLB組が中心

カナダはWBC5大会連続で指揮を執るアーニー・ウィット監督の下、実績のあるMLB選手が集まり、初の1次ラウンド突破に挑む。

打線の中心は、2022年に両リーグ最多の199安打をマークしたフレディ・フリーマン（ドジャース）。打率3割2分5厘は首位とわずか1厘差の2位。2010年から積み重ねた安打数は1903本と大台の2000本も視界に捉えている。ブレーブス時代には5度の球宴選出、2020年にはナ・リーグMVPを受賞。2021年は打率3割、31本塁打、83打点でワールドシリーズ制覇にも貢献。同年オフにFA残留交渉で折り合いがつかずに12年間プレーしたチームを離れた。自身はアメリカ生まれで、両親がカナダ出身。WBCは前回2017年第4回大会にもカナダ代表で出場している。

外野陣では、長打力が武器のタイラー・オニール（カージナルス）、アスレチックスの若手有望株デンゼル・クラーク、元タイガースのジェイコブ・ロブソンが代表入りした。外野または指名打者候補として、ジャレッド・ヤングとツインズ期待の若手エドゥアルド・ジュリアンの2人にも注目。

内野はフレディ・フリーマン一塁手、エイブラハム・トロ二塁手（ブルワーズ）、オットー・ロペス遊撃手（ブルージェイズ）の布陣が予想される。

WBC2023カナダ代表メンバー

位置	選手名	年齢	投打	所属
監督	ウィット	70		
投手	クアントリル	28	右左	ガーディアンズ
	ピベッタ	30	右右	レッドソックス
	ブラッシュ	24	右右	マリナーズ
	スミス	23	右右	ガーディアンズ ※春季キャンプ招待
	テイラー	27	右右	カブス傘下
	ザストリズニー	30	左右	パイレーツ傘下
	ラッツキー	31	左右	BC新潟/メルボルン・エイシズ（オーストラリア）
	ブラット	19	左左	レンジャーズ傘下
	スキロー	24	右右	フィリーズ傘下
	フルーレ	25	右右	リンカーン（米独立リーグ）
	ブリグデン	27	右左	レイズ ※春季キャンプ招待
	ディアス	24	右右	ヤンキース傘下
	マシソン	39	右右	前巨人（日本）
	アルバース	37	左右	ツインズ傘下をFA
	アックスフォード	39	右右	前ブルワーズ
	オーモン	34	右左	2020年引退後は農業
	ローウェン	38	左左	前レンジャーズ傘下
捕手	ネイラー	23	右左	ガーディアンズ
	デグラン	30	右左	ブルージェイズ傘下
内野手	フリーマン	33	右左	ドジャース
	ジュリアン	23	右左	ツインズ
	ヤージー	24	右左	ダイヤモンドバックス傘下をFA
	ロペス	24	右右	ブルージェイズ
	トロ	26	右両	ブルワーズ
	パルメジャーニ	23	右右	ブルージェイズ傘下
外野手	オニール	27	右右	カージナルス
	ケイシー	20	右左	カブス傘下
	ロブソン	28	右左	カンザスシティ（米独立リーグ）
	ヤング	27	右左	カブス傘下
	クラーク	22	右右	アスレチックス ※春季キャンプ招待

※選手は2月10日時点、年齢は開幕時点

WBC全大会指揮の名将
アーニー・ウィット監督

1952年6月13日、アメリカ・ミシガン州出身。76年レッドソックスでメジャーデビュー。元捕手でMLB通算打率.249、134本塁打、534打点。創設当時からブルージェイズに12年間在籍。ブルージェイズの監督などを経て代表監督就任。04年アテネ五輪4位。09年カナダ野球殿堂入り

戦力分析

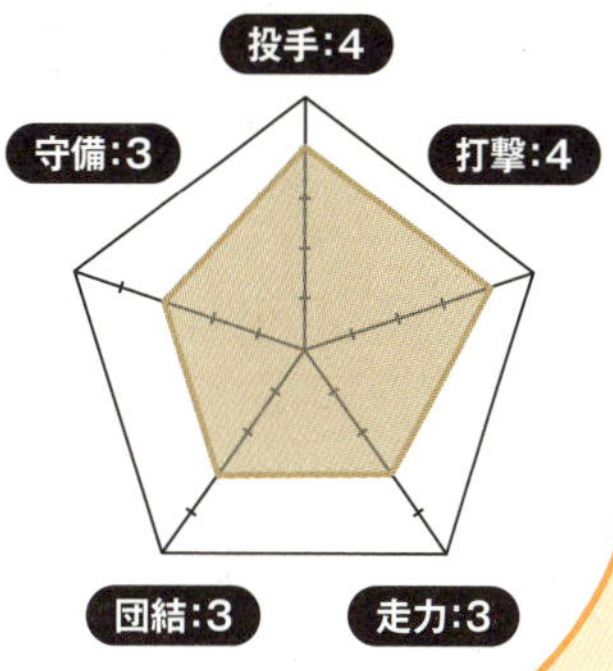

投手陣では、昨季自己最多の15勝を挙げた右腕、カル・クアントリル（ガーディアンズ）、同じく昨季10勝の右腕ニック・ピベッタ（レッドソックス）が先発の柱。リリーフ陣もマット・ブラッシュ（マリナーズ）、ロブ・ザストリズニー（パイレーツ）らMLB所属選手が名を連ねる。

2022年にいずれも自己最多の122試合出場、20本塁打のジョシュ・ネイラー（ガーディアンズ）が打線の軸としても期待されたが、2021年に骨折した右足首の状態を考慮し、出場を辞退。本来であれば、弟のボー（同）とともに兄弟代表の可能性もあったが、かなわなかった。ほかにも故障、移籍直後などの理由で参加を見送った有力選手もおり、同組他国に比べて選手層の薄さは否めない。

優勝候補のアメリカがいるプールCでは、準々決勝に進める2位争いが注目される。カナダは2022年末の世界ランキングで14位。アメリカは3位、メキシコは5位、コロンビアは11位と3カ国は格上だが、22位のイギリス戦を取りこぼさず、上位3強の一角を崩せば、初の準々決勝進出へ光が見えてくる。

今大会イギリス代表で、ただ一人の現役メジャーリーガーであるトレイス・トンプソン。ドジャースの正中堅手候補として期待されている

POOL C

イギリス

クリケットの国がWBC初出場

史上3度目の国際大会予選最終戦サヨナラ勝利

クリケットの国・イギリスが初めて予選を突破、同国の野球史に新たな歴史を刻む。

国際大会初出場は、1938年までさかのぼる。同年にイギリスで行われた第1回アマチュア・ワールドシリーズに出場。参加国はイギリス、アメリカの2チームのみ。両国が5試合を戦い、イギリスが4勝1敗で優勝した。大会はのちに国際野球連盟（IBAF）主催のW杯（BWC）へ発展。前身大会も含め、BWCは最も歴史の長い国際大会として親しまれ、2011年まで行われた。

WBC予選ラウンドは2013年大会から出場。同年はカナダ、ドイツ、チェコと戦い、敗者復活2回戦でドイツに敗れた。2017年の予選ラウンドは初戦でイスラエルに敗れるも、敗者復活戦でパキスタン、ブラジルに勝利。本大会出場権を賭けて再びイスラエルと対戦したが、1－9で敗れて初出場を逃していた。

今大会の予選ラウンドでは、フランス、ドイツ、スペインと対戦。試合は2022年9月にドイツで行われ、3戦全勝で初の本大会出場を決めた。とくに最後のスペイン戦は両チームともに12安打の打撃戦。初回に4点を先制されるも、徐々に点差を詰めて9回裏の土壇場で9－9の同点とし、延長10回裏に1点をもぎ取ってサヨナラ勝ちした。

唯一の現役メジャーリーガーとし

過去4大会成績

2006年	―
2009年	―
2013年	予選R敗退
2017年	予選R敗退

WBC2023イギリス代表メンバー

位置	選手名	年齢	投打	出生地
監督	スペンサー			
投手	ベノワ		右右	アメリカ
	ビンズ			アメリカ
	ブレアトン			イギリス
	クーパー		右右	アメリカ
	エッシュ			アメリカ
	フェルナンダー		右右	バハマ
	ギバウト			アメリカ
	グローエン		右右	イギリス
	キング			アメリカ
	ロング			アメリカ
	ミルズ		左左	アメリカ
	モリス		右右	バージン諸島
	ノリーガ			アメリカ
	オップ		左左	アメリカ
	ピーターソン		右右	イギリス
	ロス		左左	アメリカ
	スクラブ			アメリカ
	セピングス			アメリカ
	ソレシト		右右	イギリス
	スプレーカー			アメリカ
	トーマス		右右	バハマ
	ビザ			アメリカ
	ウェブ		右右	カナダ
	ウォーリー		右右	アメリカ
捕手	フォード		右右	アメリカ
	リッチー		右右	アメリカ
内野手	フォックス		右両	バーレーン
	マレー		右両	バハマ
	ウォード		右左	アメリカ
	ワイリー		右右	アメリカ
外野手	クロスビー		右左	アメリカ
	ノウルズ		右両	バハマ
	コペリニアック		右左	イギリス
	シーモア		右両	バハマ
	スウィーニー		右両	アメリカ
	トンプソン		右右	アメリカ
	ヤング		右両	バハマ

※選手は2月10日時点、年齢は開幕時点

U23からトップ昇格
ドリュー・スペンサー監督

アメリカ・カリフォルニア州出身。2020年9月、U23監督からトップチーム監督に。U23は19年欧州選手権で過去最高の5位に。選手としてはアメリカ・ダートマス大学時代にアイビーリーグで投手、外野手でプレー。仕事は音楽プロデューサーで、ＤＪとしても活動

戦力分析

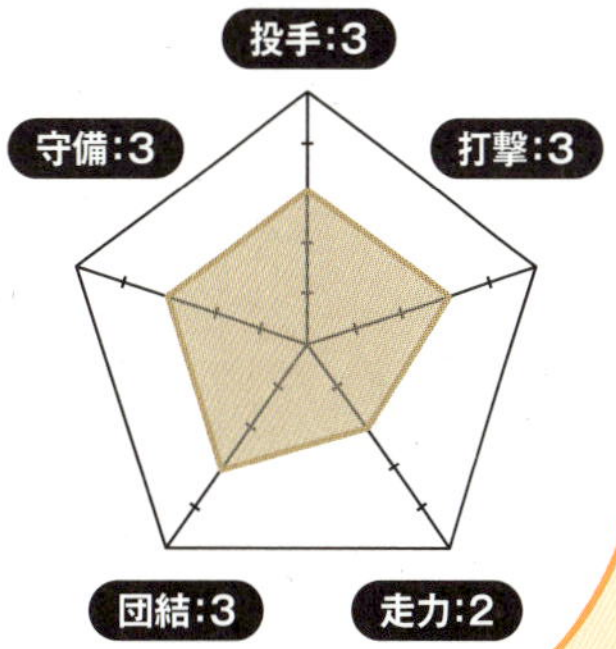

て、ドジャースのトレイス・トンプソン外野手が出場。父が英連邦バハマ出身で、昨年はドジャースで74試合に出場し、打率2割6分8厘、13本塁打、長打率5割3分8厘。今年はドジャースの正中堅手が期待される。バハマ出身のスーパースター、ジャズ・チズホルム外野手（マーリンズ）の出場辞退は残念だが、本大会進出に貢献した若手有望株が攻守の要として期待される。

マリナーズ傘下の捕手ハリー・フォードは、今大会予選に代表チーム最年少の19歳で出場。予選ラウンドは全3戦で先発マスクをかぶり、打っては3戦連発の大活躍だった。

投手陣にはＭＬＢ経験者がいる。イギリス・ロンドン生まれのクリス・リードは選出されなかったものの、昨年メジャーで34試合に登板したイアン・ギバウト（レッズ）が代表入り。ほかにアキール・モリス、マイケル・ロス、アンドレ・スクラブ、バンス・ウォーリーの4人がＭＬＢ経験者だ。

世界ランキングはプールＣ最下位の22位。今大会出場チームでは、30位の中国に次ぐワースト2だが、初舞台で強豪国に一泡吹かせたい。

フランシスコ・リンドア(メッツ)の守備も見どころの一つ。前回大会でも正遊撃手を務め、2021年にメッツと10年契約を締結

POOL D

WBCを知る名捕手が悲願の優勝に導く

プエルトリコ

前回MVPの先発右腕に名手揃いの内野陣

2大会連続準優勝のプエルトリコは、昨季限りで現役引退したヤディエル・モリーナ氏が監督に就任した。2004年からカージナルス一筋19年、ゴールドグラブ賞は9度受賞。WBCは過去4大会すべてに出場し、準優勝の2大会ではベストナイン(オールWBCチーム)にも選ばれた。母国を悲願の初優勝に導けるか、名捕手の采配に注目が集まる。

今大会に懸ける思いはメンバー選定からも見て取れる。MLB各球団の主力として活躍する選手を集結させ、豪華な布陣を揃えた。

先発投手陣はホセ・ベリオス（ブルージェイズ）、マーカス・ストローマン（カブス）の二枚看板。ベリオスは2020年の短縮シーズンを除き、5年連続2桁勝利中で、ツインズ時代に2年連続開幕投手も務めた実績の持ち主。一方のストローマンも前回大会、アメリカ代表で優勝に貢献し、MVPに。今大会は母の出身国、プエルトリコからの出場を決めた。

救援はいまや球界を代表するクローザー、エドウィン・ディアス（メッツ）を筆頭に、昨年レッズでデビューした弟のアレクシス、昨年23セーブを挙げたホルヘ・ロペス(ツインズ)、ベテランのエミリコ・パガン（ツインズ）など質量ともに申し分なし。

また、投手陣をリードするのが球界屈指の名捕手クリスチャン・バス

過去4大会成績

2006年	2次R敗退
2009年	2次R敗退
2013年	準優勝
2017年	準優勝

WBC2023プエルトリコ代表メンバー

位置	選手名	年齢	投打	所属
監督	モリーナ	40		
投手	ロドリゲス	30	右右	ツインズ傘下
	ハメル	24	右右	メッツ傘下
	ベリオス	28	右右	ブルージェイズ
	デレオン	30	右右	ツインズ傘下
	ストローマン	31	右右	カブス
	E・ディアス	28	右右	メッツ
	A・ディアス	26	右右	レッズ
	マルドナド	25	右右	マーリンズ
	アンダーウッド	28	右右	パイレーツ
	パガン	31	右左	ツインズ
	クルス	32	右右	レッズ
	サンティアゴ	35	左右	モンクローバ(メキシコ)
	ロペス	30	右右	ツインズ
	モラン	25	左左	ツインズ
	パディーヤ	26	右右	ホワイトソックス
	リオス	29	右右	ブレーブス傘下
捕手	バスケス	32	右右	ツインズ
	メレンデス	24	右左	ロイヤルズ
	マルドナド	36	右右	アストロズ
内野手	E・ディアス	28	右右	レッドソックス
	リベラ	26	右右	ダイヤモンドバックス
	E・ヘルナンデス	31	右右	レッドソックス
	リンドア	29	右両	メッツ
	バエス	30	右右	タイガース
	ミランダ	24	右右	ツインズ
	マチン	29	右左	フィリーズ
	ソト	34	右右	横浜(日本)
	ビマエル・マチン	29	右左	フィリーズ
外野手	ロサリオ	31	右左	ブレーブス
	ラモス	30	右両	レッズ
	ベラスケス	24	右右	カブス

※選手は2月10日時点、年齢は開幕日時点

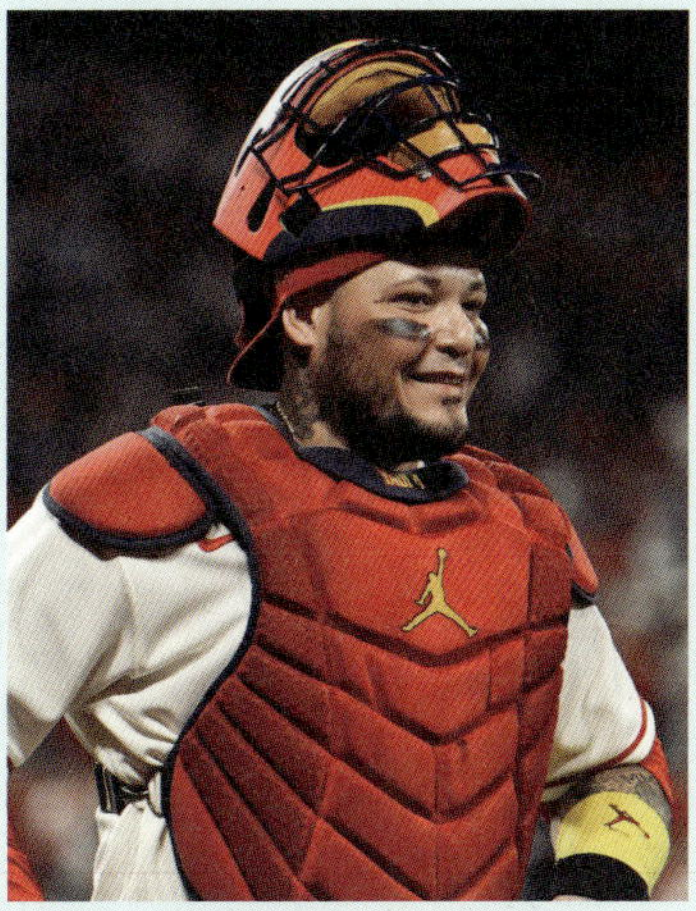

世界最高の捕手
ヤディエル・モリーナ監督

1982年7月13日、プエルトリコ出身。2004年からカージナルスで19年間プレー。強肩好打の捕手として40歳まで現役を続け、MLB通算2226試合、打率.277、176本塁打、1022打点、2168安打。ゴールドグラブ賞9度。06、11年ワールドシリーズ制覇

戦力分析

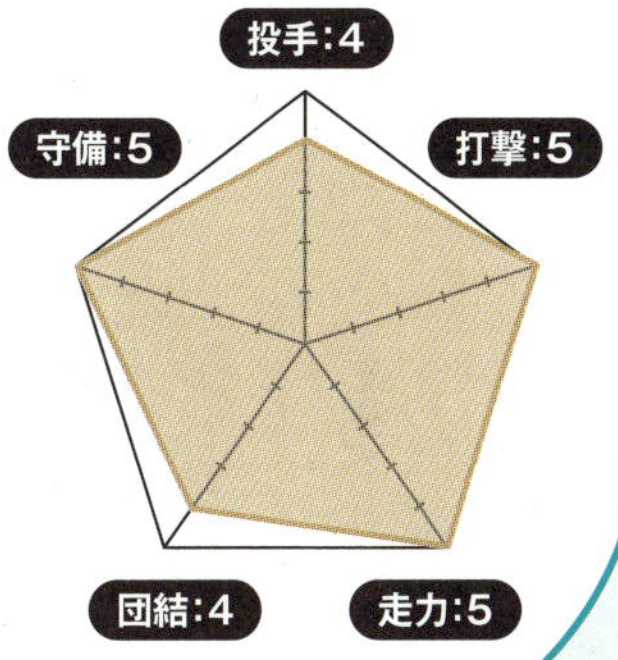

ケス（ツインズ）。2018年レッドソックス、2020年アストロズで世界一と大舞台での勝ち方を知っている。

内野陣は、最強"遊撃手トリオ"の一人、カルロス・コレア（ツインズ）が夫人の出産に立ち合うために出場を辞退したが、前回大会の正遊撃手で「守備の名手」といわれるフランシスコ・リンドア（メッツ）は今大会も代表入り。2021年にメッツと10年契約を結び、昨年は自己最多の107打点をマークした。

同じく遊撃手が本職のハビエル・バエス（タイガース）は二塁に回る予定だ。外野には、2020年ドジャース時代に世界一に輝いたエンリケ・ヘルナンデス（レッドソックス）、2021年ブレーブスの世界一に貢献したエディ・ロサリオがいるのも頼もしい。

プールDは屈指の激戦区。プールCはアメリカが頭一つ抜けている一方で、プールDは2大会連続準優勝のプエルトリコ、世界ランキング6位（2022年末時点）のベネズエラ、同9位でメジャーリーガー大集結のドミニカ共和国がおり、この3カ国による三つ巴の戦いが予想される。

ＭＬＢ現役唯一の三冠王ミゲル・カブレラ（タイガース）は昨年オフ、2023年シーズン限りでの引退を発表。ＷＢＣは今大会が見納めとなる

POOL D

ベネズエラ

〝永遠の優勝候補〟から今度こそ世界一へ

ＭＬＢ現役唯一の三冠王に本塁打王＆首位打者も

過去４大会の最高成績がベスト４のベネズエラは、これまで優勝候補に挙げられながら一度も頂点に立っていない。今大会は早期からチーム編成を行い、必勝態勢を整えてきた。

２０２２年８月にＭＬＢアストロズのコーチ、オマール・ロペス氏が代表監督に就任。ヤンキースのベンチコーチを務めるカルロス・メンドーサ氏らが脇を固める。

真っ先に出場の意向を示した選手が、前回大会も出場したホセ・アルトゥーベ（アストロズ）だ。ロペス監督はアルトゥーベがプロ入り後、初めてマイナーリーグでプレーした時の指揮官。監督との縁、さらには前回の雪辱と今大会に賭ける思いは強い。最多安打４度、首位打者３度、盗塁王２度、２０１７年はシーズンＭＶＰと文句なしの実績。２０１９、２０２１年には31本塁打を記録しており、一発の魅力も。今回はリーダーの役割も期待される。

チームの顔となる選手がもう一人、ＭＬＢ現役唯一の三冠王ミゲル・カブレラ（タイガース）だ。２０２１年に通算５００号、３０００安打を達成。首位打者４度、ＭＶＰ、本塁打王、打点王を２度ずつ獲得し、２０１２年には三冠王にも輝いた。昨年オフに、２０２３年シーズン限りでの引退を発表している。

捕手サルバドール・ペレス（ロイヤルズ）は２０１５年ワールドシリーズＭＶＰで、ゴールドグラブ賞を６

過去４大会成績

2006年	２次R敗退
2009年	ベスト４
2013年	１次R敗退
2017年	２次R敗退

WBC2023ベネズエラ代表メンバー

位置	選手名	年齢	投打	所属
監督	O. ロペス	46		
投手	P. ロペス	27	右左	ツインズ
	M・ペレス	31	左左	レンジャーズ
	チャシーン	35	右右	前ロッキーズ
	スアレス	27	左左	フィリーズ
	マルケス	28	右右	ロッキーズ
	C・ヘルナンデス	25	右右	ロイヤルズ
	L・ガルシア	26	右右	アストロズ
	アルバラド	27	左左	フィリーズ
	マチャド	29	右右	ナショナルズ傘下
	ブラチョ	30	右右	レッズ傘下
	D. ヘルナンデス	26	左左	オリオールズ傘下
	キハダ	27	左左	エンゼルス
	ルイス	28	右右	ホワイトソックス
捕手	S. ペレス	32	右右	ロイヤルズ
	ナルバエス	31	右左	メッツ
	チリノス	38	右右	前オリオールズ
内野手	アルトゥーベ	32	右右	アストロズ
	トーレス	26	右右	ヤンキース
	アラエス	25	右左	マーリンズ
	スアレス	31	右右	マリナーズ
	カブレラ	39	右右	タイガース
	ヒメネス	24	右左	ガーディアンズ
	ロハス	34	右右	ドジャース
	レンヒーフォ	26	右両	エンゼルス
	エスコバル	34	右両	メッツ
外野手	アクーニャ Jr.	25	右右	ブレーブス
	サンタンデル	28	右両	オリオールズ
	ダサ	28	右右	ロッキーズ
	ペラルタ	35	左左	前レイズ

※選手は2月10日時点、年齢は開幕日時点

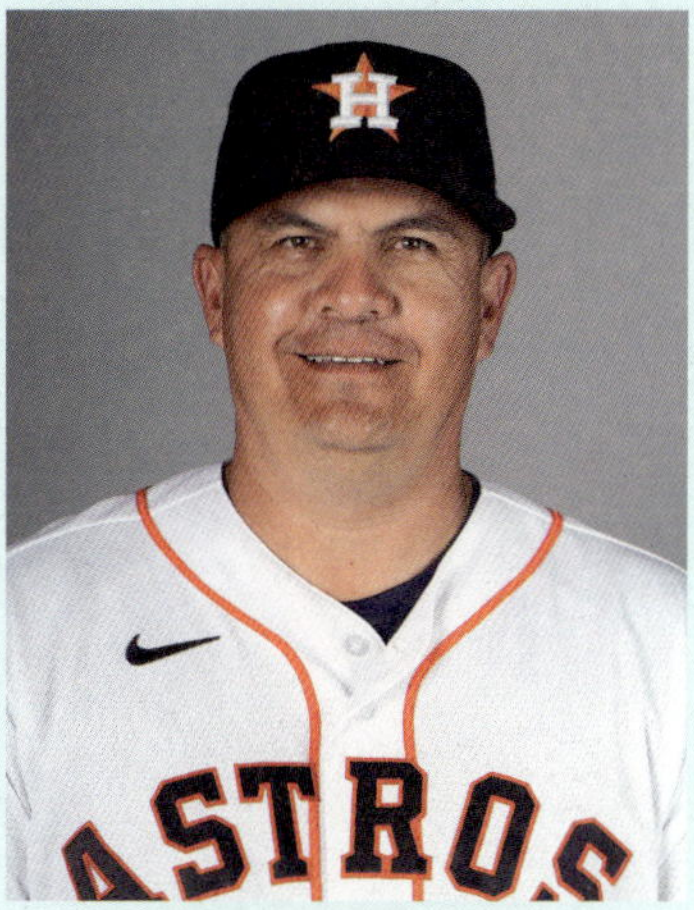

選手の目利きに定評
オマール・ロペス監督

1977年1月3日、ベネズエラ出身。現役時代は1996～98年ホワイトソックス、ダイヤモンドバックス。球団スカウト、育成部門などを経てマイナーリーグ、母国ウインターリーグで監督。スカウト時代にはアルトゥーベ獲得。19年12月アストロズコーチ、22年８月母国代表監督

戦力分析

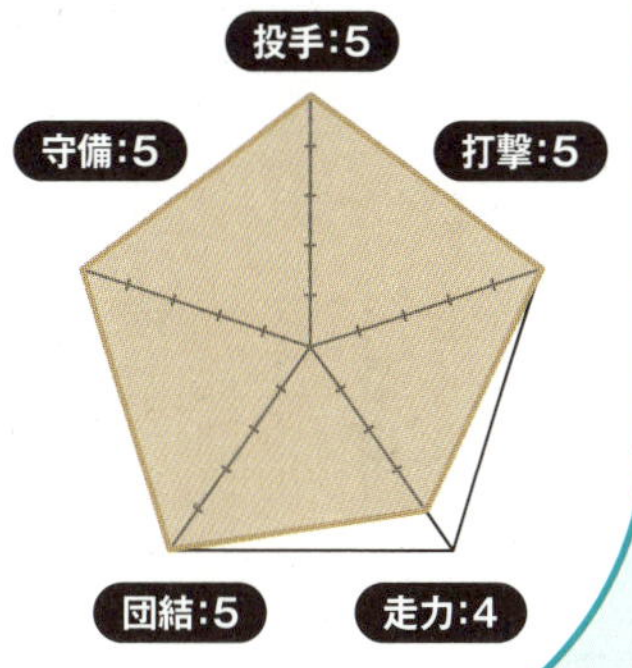

度受賞。２０２１年はア・リーグ本塁打、打点の二冠王。

ほかにも、２０２２年ア・リーグ首位打者でイチロー氏に憧れる〝安打製造機〟ルイス・アラエス（マーリンズ）、同年33本塁打のスイッチヒッター、アンソニー・サンタンデル（オリオールズ）、ヤンキースで中軸を打つグレイバー・トーレス二塁手、昨年エンゼルスで大ブレークしたルイス・レンヒーフォ内野手らを選出。一流打者が顔を揃えた。

そして、２０１８年ナ・リーグ新人王、２０１９年盗塁王に輝きながら、２０２１年は右膝に重傷を負って長期離脱したロナルド・アクーニャJr.（ブレーブス）が球団の許可を得て、一転して参戦へ。チームにとって大きな戦力となる。

投手陣は昨年ツインズで10勝を挙げたパブロ・ロペスを中心に、レンジャーズで12勝の左腕・マーティン・ペレス、フィリーズのリーグ優勝に貢献したレンジャー・スアレス、さらにアストロズの世界一に貢献したルイス・ガルシアなど強力布陣。ブルペンも、昨年フィリーズのリーグ優勝に貢献した左の中継ぎホセ・アルバラドらがおり、充実している。

ウラジミール・ゲレーロJr.（ブルージェイズ）は2021年、大谷翔平（エンゼルス）と本塁打王争いを繰り広げた相手。その長打力は一見に値する

POOL D

MLBタイトルホルダー集結で2大会ぶりVへ
ドミニカ共和国

米国をしのぐ豪華陣容 現代版「マーダーズ・ロウ」

2013年の第3回大会優勝国であるドミニカ共和国は、世界一奪還に向けてMLBを代表するスター選手が集結した。

主砲ウラジーミル・ゲレーロJr.（ブルージェイズ）は、2021年のア・リーグ本塁打王。大谷翔平（エンゼルス）、サルバドール・ペレス（ロイヤルズ）とシーズン終盤まで競り合い、最後はペレスと48本で並び、ともにタイトルを獲得した。

若き強打者ファン・ソト（パドレス）は、19歳でメジャーデビューを果たした2018年、5月21日（現地時間）パドレス戦に初先発出場で本塁打。このシーズンはMLB史上3人目となる10代選手で20本塁打、1試合3盗塁のMLB歴代最年少記録も打ち立てた。2022年の球宴では本塁打競争で優勝。史上初めてMLB4年間で「ワールドシリーズ制覇」「首位打者」「本塁打競争優勝」の快挙を成し遂げた。

打撃陣では、パドレスの主砲マニー・マチャド、2022年ワールドシリーズMVPのジェレミー・ペーニャ（アストロズ）、同年ア・リーグ新人王のフリオ・ロドリゲス（マリナーズ）らMLBのトップ選手が名を連ねる。さらに、レッドソックスと11年3億3100万ドル（約439億円）で契約延長したラファエル・デバースなども参戦。まさに超豪華メンバー。昨年ワールドシリーズでMVPを獲得したジェレ

過去4大会成績

2006年	準決勝敗退
2009年	1次R敗退
2013年	優勝
2017年	2次R敗退

WBC2023ドミニカ代表メンバー

位置	選手名	年齢	投打	所属
監督	R. リナレス	45		
投手	アルカンタラ	27	右右	マーリンズ
	ハビエル	25	右右	アストロズ
	クエト	36	右右	マーリンズ
	コントラレス	23	右右	パイレーツ
	ソト	28	左左	フィリーズ
	アブレイユ	25	右右	アストロズ
	D. カスティーヨ	29	右右	マリナーズ
	L. ガルシア	30	左左	パイレーツ
	Y. ガルシア	32	右右	ブルージェイズ
	リクラク	29	右右	レンジャーズ
	モンテロ	32	右右	アストロズ
	ネリス	33	右右	アストロズ
捕手	サンチェス	30	右右	ツインズFA
	メヒア	27	右両	レイズ
内野手	ウラジミール・ゲレーロ Jr.	23	右右	ブルージェイズ
	フランコ	22	右両	レイズ
	ペーニャ	25	右右	アストロズ
	マチャド	30	右右	パドレス
	デバース	26	右左	レッドソックス
	K. マルテ	29	右両	ダイヤモンドバックス
	クルース	42	右右	パドレス
	セグラ	32	右右	マーリンズ
	カノ	40	右左	前ブレーブス
	アダメス	27	右右	ブルワーズ
外野手	J・ソト	24	左左	パドレス
	ロドリゲス	22	右右	マリナーズ
	ヘルナンデス	30	右右	マリナーズ
	ヒメネス	26	右右	ホワイトソックス

※選手は2月10日時点、年齢は開幕日時点

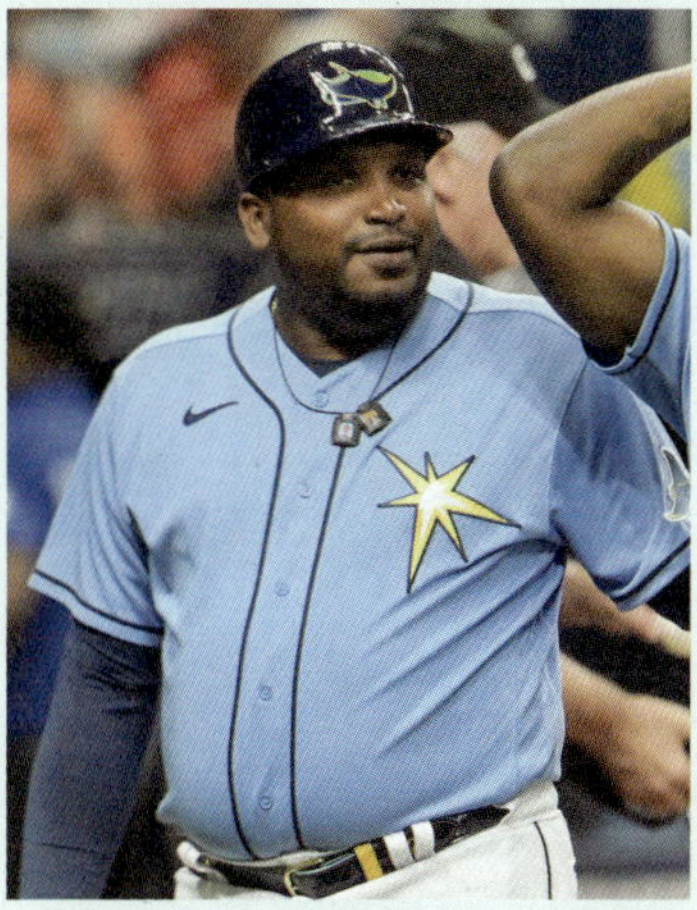

21歳から指導者に
ロドニー・リナレス監督

1977年8月7日、アメリカ・ニューヨーク出身。99年、当時21歳でアストロズのコーチとなり、2019年レイズの三塁コーチに。今年からベンチコーチを務める。元大洋のフリオ・リナレスの息子

戦力分析

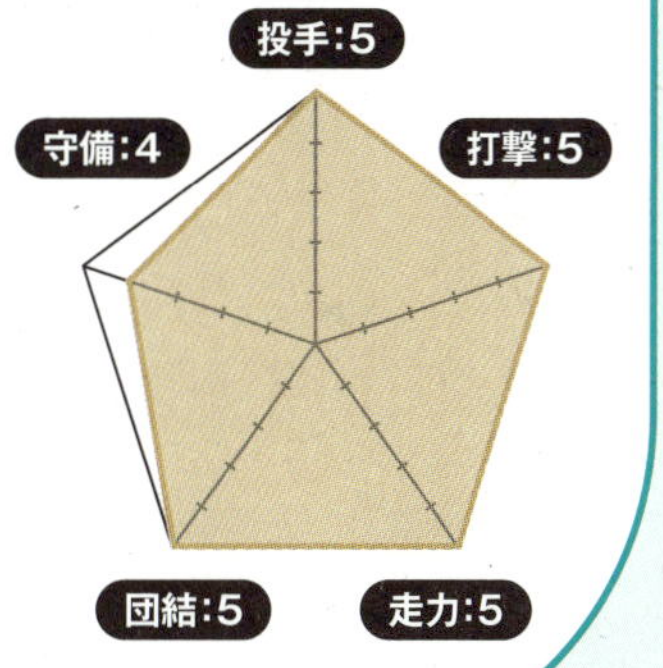

ミー・ペーニャがベンチ要員になりかねない。アメリカをしのぐほどの現代版「マーダーズ・ロウ」、殺人打線と言っても過言ではないだろう。

投手陣は、昨年サイ・ヤング賞のサンディ・アルカンタラ（マーリンズ）がエース格。2022年は14勝9敗、防御率2・28、207奪三振を記録。投球回228回2／3、6完投はいずれもリーグトップだった。

ルイス・カスティーヨ（マリナーズ）、フランバー・バルデス（アストロズ）は残念ながら出場を辞退。また、剛腕ルイス・セベリーノ（ヤンキース）やフレディ・ペラルタ（ブルワーズ）もケガの影響で辞退している。

それでも、昨年世界一のアストロズで11勝したクリスチャン・ハビエルが参戦、ブルペン陣にも質、量ともに人材が豊富に揃っている。

ドミニカ共和国は1次ラウンドのプールDを2位で抜けた場合、プールCの1位となる可能性が高いアメリカと準々決勝で激突する。まるで決勝戦のような顔合わせとなるが、今のドミニカ共和国の破壊力をもってすれば、アメリカを撃破する可能性は十分にある。

打線の中心となるジョク・ピーダーソン（ジャイアンツ）は2020年ドジャース、2021年ブレーブスで世界一を経験している

POOL D

ＭＬＢ軍団で前回に続くイスラエル旋風再び

イスラエル

過去４大会成績

2006年	―
2009年	―
2013年	予選R敗退
2017年	2次R敗退

ユダヤ系ＭＬＢ選手が集結 首脳陣にもかつての名選手

前回大会は初出場ながら、３連勝で１次ラウンドを突破した。イスラエルは番狂わせの再現を狙う。

本大会初出場となった２０１７年第４回大会は、現役ＭＬＢ選手にマイナーリーガーなどユダヤ系アメリカ人選手が代表に名を連ね、もう一つのアメリカ代表のようなチーム編成だった。大会前は「大穴」とされたが、予想以上の快進撃。１次ラウンドで３連勝、２次ラウンドではキューバを撃破。決勝ラウンド進出はならなかったが世界に衝撃を与えた。

今大会はＷＢＣで初めて予選を戦わずに本大会から参戦。しかし、同じプールＤには２０１３年優勝のドミニカ共和国、２大会連続準優勝のプエルトリコがいる。イスラエルは今回もＭＬＢ選手中心の編成だが、強豪相手に再び旋風を巻き起こすことができるか。

昨年アストロズの世界一に貢献したアレックス・ブレグマン三塁手は不参加。ヤンキースのハリソン・ベイダー外野手はケガの影響で出場を辞退。そのため、メジャー９年で通算１７１本塁打を放ち、２０２０年ドジャース、２０２１年ブレーブスで世界一に貢献したジョク・ピーダーソン（ジャイアンツ）が野手陣の中心となりそうだ。２０２１年アスレチックスにドラフト２巡目指名で入団した若手有望株、ザック・ゲロフ遊撃手にも注目。東京五輪メンバー、ライアン・ラバーンウェイ捕

WBC2023イスラエル代表メンバー

位置	選手名	年齢	投打	所属
監督	キンズラー	40		
投手	ブレイアー	35	左左	レッドソックス
	ゴールド	28	右右	ロッキーズ傘下
	ゴードン	24	左左	アストロズ傘下
	カミンスキー	28	左右	前カージナルス
	クラベッツ	26	左左	レッズ傘下
	クレマー	27	右右	オリオールズ
	ステインメッツ	19	右右	ダイヤモンドバックス傘下
	ストック	33	右右	前メッツ
	ワグマン	31	右左	元アスレチックス傘下
	ウルフ	22	右右	ガーディアンズ傘下
	バード	27	右右	ロッキーズ
	フィッシュマン	28	右左	前マーリンズ
	フェダーマン	24	右左	オリオールズ傘下
	グロス	26	右右	レイズ傘下
	モルナー	26	右右	エンゼルス傘下
	ロスマン	30	右右	前フィリーズ
	ウェイス	30	右右	エンゼルス
捕手	スタッブス	29	右左	フィリーズ
	ゴールドファーブ	26	右左	前ダイヤモンドバックス傘下
	ラバーンウェイ	35	右右	前ガーディアンズ
内野手	バレンシア	38	右右	元オリオールズ
	マービス	24	右左	カブス傘下
	ウィーランスキー	25	右右	元アストロズ傘下
	メンドリンガー	22	右左	カージナルス傘下
	ホーウイッツ	25	右左	ブルージェイズ
	ゲロフ	23	右右	アスレチックス傘下
	ローウェンガード	24	右右	米独立リーグ
外野手	ピーダーソン	30	左左	ジャイアンツ
	ディッカーソン	32	左左	前ブレーブス
	ケリー	34	右両	元メッツ

※選手は2月10日時点、年齢は開幕日時点。

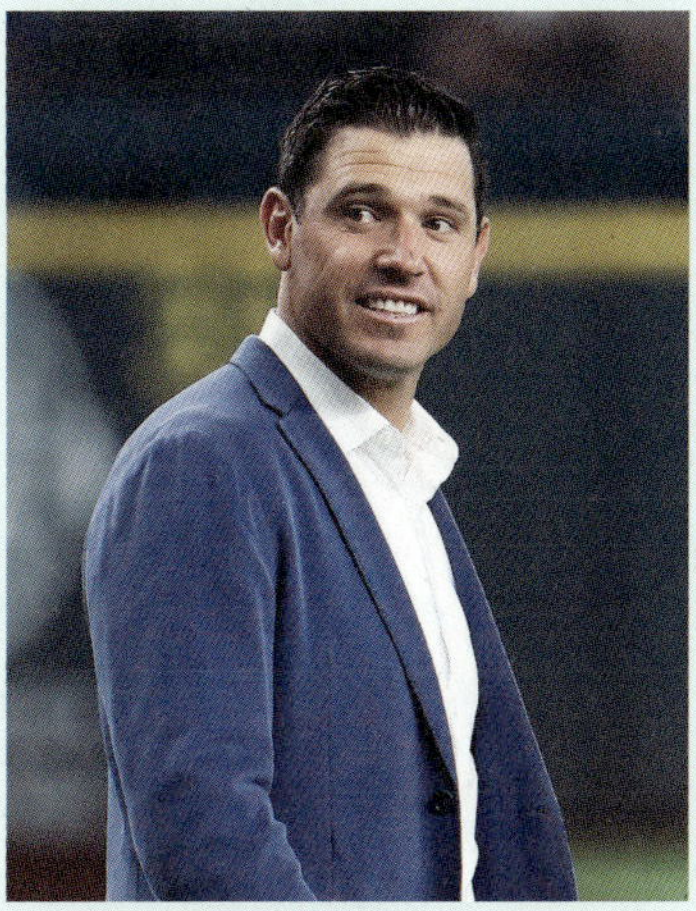

MLB通算1999安打 イアン・キンズラー監督

1982年6月22日、アメリカ出身。現役時代はMLB通算1888試合出場、打率.269、257本塁打、909打点、1999安打、243盗塁。二塁手でゴールドグラブ賞2度。WBCは17年にアメリカ代表で優勝。20年イスラエル国籍取得。5位だった東京2020五輪は同国代表で現役復帰。22年6月代表監督

戦力分析

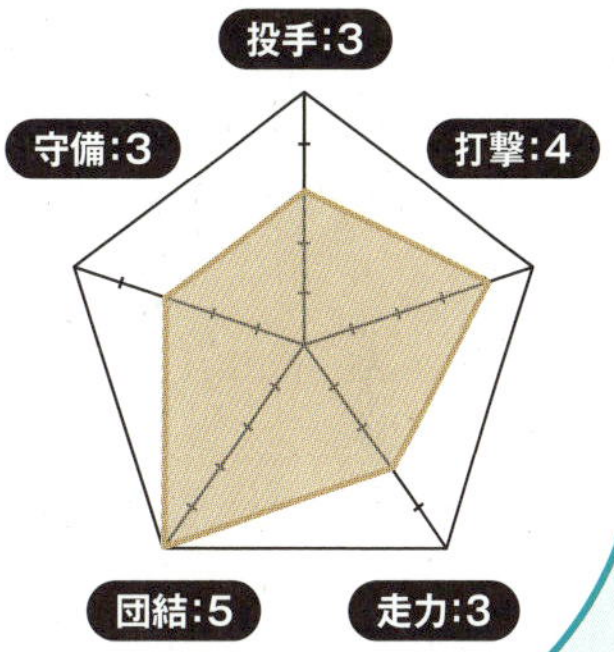

手、ダニー・バレンシア内野手も代表入りした。

投手陣では、2021年世界一に輝いたブレーブス先発陣の柱、マックス・フリードが不参加。ヤンキースの中継ぎスコット・エクロスも右肘手術のため辞退した。先発の柱は、昨年8勝を挙げた右腕ディーン・クレマー（オリオールズ）と、昨年韓国プロ野球・斗山で9勝のロバート・ストックが予想される。救援陣は右腕ジェイク・バード（ロッキーズ）、左腕リチャード・ブレイアー（レッドソックス）が中心になりそうだ。

代表監督は、MLB通算14年間で1999安打、257本塁打のイアン・キンズラー氏。2017年WBCではアメリカ代表で優勝、東京五輪ではイスラエル代表で出場した。2018年にはエンゼルスで大谷翔平と共にプレーもしている。今年2月に古巣レンジャーズのGM特別補佐に就任した。

コーチ陣には2007年レッドソックス世界一のメンバーで、球宴3度出場、元楽天のケビン・ユーキリス氏、元代表監督でタイガース、エンゼルスでも指揮を執ったブラッド・オースマス氏らがいる。

ヤンキースのリリーフ右腕、ホナタン・ロアイシガ。2018年にメジャーデビューし、ここ数年でスター選手に。160キロ超の高速シンカーは必見だ

POOL D

ニカラグア

世界ランク17位、中南米の「野球大国」が初出場

過去４大会成績

2006年	―
2009年	―
2013年	予選R敗退
2017年	予選R敗退

ヤンキース救援右腕参戦 武器は超高速シンカー

中南米の野球大国が、初めて本大会に出場する。ニカラグアにおける野球の歴史は古く、１９１３年頃、駐留していた米軍によって広められたと伝えられている。長く国技として親しまれ、１９９６年アトランタ五輪では４位。ニカラグアでは「スポーツの王様」とも呼ばれる野球の人気は根強い。

ニカラグア出身の代表的な選手は、ＭＬＢ通算２４５勝を挙げたデニス・マルティネス氏。１９９１年、エクスポズ（現・ナショナルズ）でラテンアメリカ人選手初の完全試合を達成し、通算勝利数はラテンアメリカ人選手のＭＬＢ最多記録だ。

ＷＢＣは２０１３年大会から予選ラウンドに出場。２０１７年は敗者復活戦を勝ち上がり、メキシコとの本大会進出を賭けた一戦に臨んだが１―12の大敗を喫している。

今大会の予選は初戦のブラジル戦で１―４と敗れたものの、パキスタン、アルゼンチンとの敗者復活戦で連勝。本大会進出を賭けたブラジルとの再戦を３―１で勝利。予選では別組のイギリス、チェコ、同組でパナマが勝ち上がっており、最後の予選４枠目に入った。

本大会メンバーには現役メジャー２投手が加わった。右腕ホナタン・ロアイシガ（ヤンキース）は１６０キロ超の高速シンカーが武器。２０２１年に救援投手として一気にブレークした。２０２２年ア・リー

WBC2023ニカラグア代表メンバー

位置	選手名	年齢	投打	所属
監督	グイド			
投手	ロアイシガ	28	右右	ヤンキース
	E. ラミレス	32	右右	ナショナルズ
	アクーニャ		右右	ニカラグア
	クロフォード	26	左左	ニカラグア
	フロレス			ニカラグア
	ガデア	28	右右	ニカラグア
	グティエレス	28	右右	ニカラグア
	ヘバート		右右	ニカラグア
	メドラノ	27	右右	ニカラグア
	JC. ラミレス	34	右右	ニカラグア
	ラウデス	25	右右	ニカラグア
	ロドリゲス	21	右右	ブルワーズ傘下
	テレル	36	左左	ニカラグア
	テレス	32	右右	ニカラグア
	セオフィル	23	右右	ニカラグア
捕手	ノボア	26	右右	ニカラグア
	ボネ	22	右右	ニカラグア
内野手	アレグリア		右右	ニカラグア
	ブランディーノ		右右	前マリナーズ傘下
	カスバート	30	右右	ニカラグア
	レイトン	24	右右	ニカラグア
	マリン		右右	ニカラグア
	ミランダ		右右	ニカラグア
	モンテス		右右	グアテマラ
	バスケス		右両	ベネズエラ
	ペレス	21	右両	ニカラグア
外野手	ベナール		右右	米独立リーグ
	バルムデス		右右	ニカラグア
	ブリットン	35	右右	ニカラグア
	バーレ	28	左左	ニカラグア

※選手は2月10日時点、年齢は開幕時点

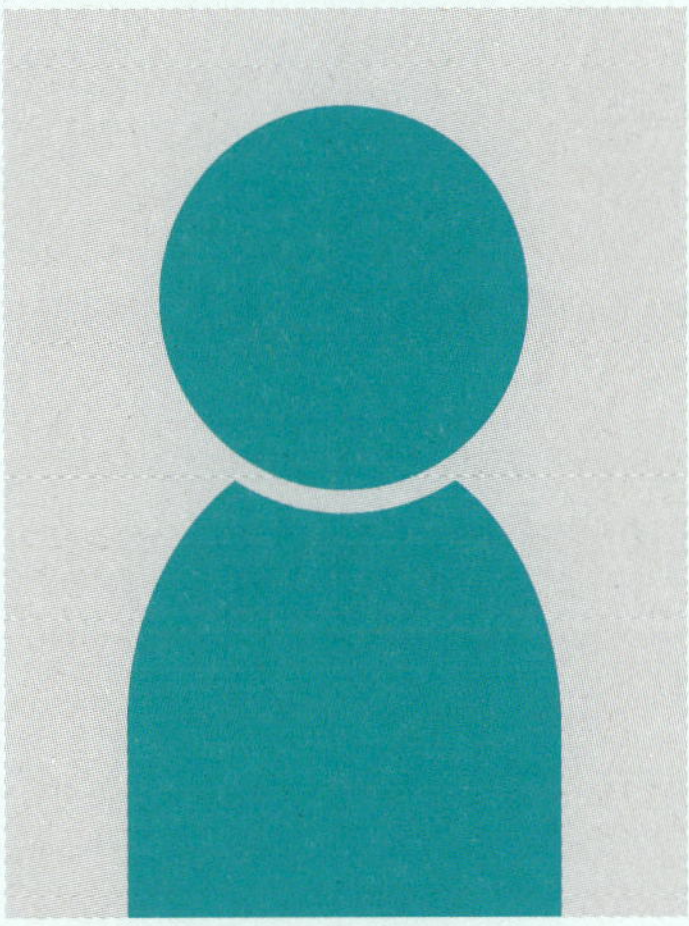

U23監督でW杯出場
サンドル・グイド監督

1978年12月15日、ニカラグア出身。2022年9月、家庭の事情を理由に退任した前監督の後任として就任。代表では東京2020五輪予選のコーチのほか、U23監督を務め、21年W杯出場に導いた。選手時代は内野手として代表にも選出され、国際大会出場の経験も

戦力分析

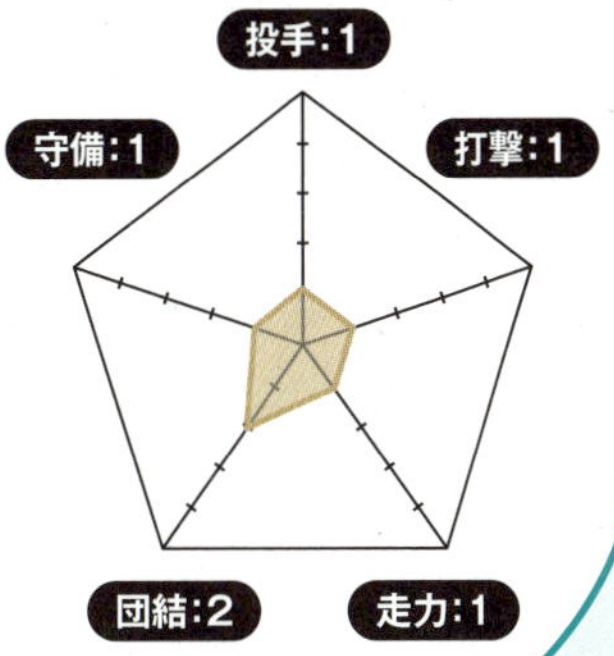

グ優勝決定シリーズのアストロズ戦では、左打者に球速約１６１キロ、50センチ以上もの落差で外角へ逃げていく高速シンカーを披露した。

先発では、右腕エラスモ・ラミレス（ナショナルズ）に注目。昨年は60試合登板で4勝2敗、防御率２・92でキャリアハイをマークしている。本職はリリーフだが、レイズ時代の２０１５年には11勝を記録。２０１７年にはセーブを挙げた翌日に先発した経験もあり、今大会ではエースの役割を担う。

ほかに主力は、メジャー6年間在籍のJC・ラミレス。２０１７年のエンゼルス時代に先発で11勝を挙げた実績を持つ。オスマン・グティエレスは本大会初出場の立役者、チェスラー・カスバート内野手はロイヤルズなどで6年間プレー。２０１６年は１２８試合出場で打率２割７分４厘、12本塁打、46打点の成績を残した。

注目は、２０１６年レイズにドラフト23巡目指名で入団したアイザック・ベナール外野手。昨年レッズ傘下で84試合に出場し、打率２割５分、11本塁打、47打点のスティーブン・レイトン内野手も活躍が期待される。

データで見る
WBC
国別勝利数

日本が23勝で通算トップ 本塁打数も通算2位の長打力

**WBC本番を前に、データで過去4大会をおさらい。
国別勝利数、勝率を見ると日本、プエルトリコ、ドミニカ共和国の実績はピカイチだ。**

WBC過去4大会の国別通算成績

※は今大会出場せず。出場試合数には予選を含まず

国	大会数	勝	敗	勝率	本塁打数	優勝	準優勝	4強
日本	4	23	8	.742	33	06、09年		13、17年
プエルトリコ	4	20	9	.690	28		13、17年	
ドミニカ共和国	4	18	6	.750	29	13年		09年
アメリカ合衆国	4	16	12	.571	30	17年		09年
韓国	4	15	7	.682	19		09年	
キューバ	4	15	11	.577	34		06年	
ベネズエラ	4	12	12	.500	27			
オランダ	4	11	13	.458	16			13、17年
メキシコ	4	7	11	.389	24			
イタリア	4	5	10	.333	14			
イスラエル	1	4	2	.667	3			
カナダ	4	3	8	.273	5			
チャイニーズ・タイペイ	4	3	10	.231	5			
中国	4	2	10	.167	3			
オーストラリア	4	2	10	.167	10			
コロンビア	1	1	2	.333	1			
パナマ	2	0	5	.000	1			
南アフリカ※	2	0	5	.000	0			
スペイン※	1	0	3	.000	2			
ブラジル※	1	0	3	.000	0			

WBC過去4大会に出場した21カ国（うち3カ国が今大会出場せず）の通算成績をひもとく。

全4大会に出場した国は日本、アメリカをはじめとする14カ国。2度の優勝は日本のみで、ドミニカ共和国、アメリカがそれぞれ1度優勝している。プエルトリコは2度準優勝しており、4大会連続で4強入りは日本だけ。勝利数は4大会でいずれも上位に進出した国が多いため、日本が23勝でトップ、次いでプエルトリコの20勝、ドミニカ共和国が18勝で続く。

勝率ではドミニカ共和国が7割5分でトップだ。日本は2006年第1回大会の第1、2ラウンドで韓国に敗れ、第2ラウンドではアメリカにも敗れている。2009年の第2大会でも韓国に3勝2敗。敗れながらもはい上がってきた戦いぶりがうかがえる。一方、ドミニカ共和国は決勝ラウンドまでの黒星を最小限に抑えて勝ち上がっている。

本塁打数ではキューバが34本でトップ、2位は日本の33本。日本は「スモール・ベースボール」のイメージが強かったが、長打力でも世界トップクラスの数字を残している。

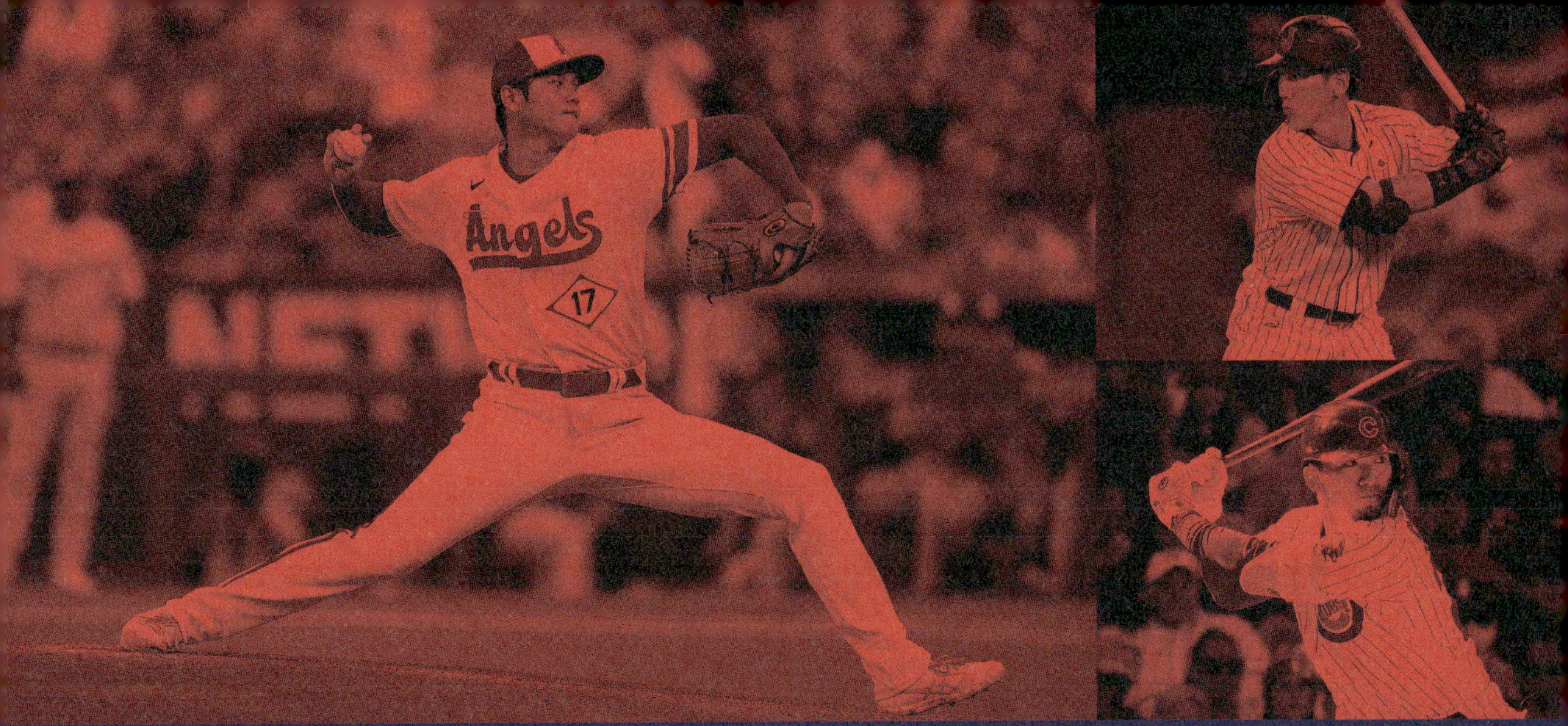

「史上最強」侍ジャパン 独断と偏見で選ぶ
俺のベストスタメン

谷繁元信、五十嵐亮太、渡辺俊介ほか

元中日ドラゴンズ

谷繁元信

“相手の脅威になる打線” 1番・大谷 2番・ヌートバー

Profile

たにしげ・もとのぶ●1970年12月21日、広島県出身。江の川高－横浜―中日。88年ドラフト1位。2013年に捕手で史上3人目の通算2000安打。通算3021試合出場は歴代1位。通算打率2割4分、229本塁打、1040打点。引退後は中日の監督を経て野球解説者

大谷、ダルビッシュを守護神起用も選択肢

現役時代に捕手で史上最多の2963試合に出場。横浜（現・DeNA）で1998年に38年ぶりのリーグ優勝、日本一に大きく貢献し、中日では4度のリーグ優勝、53年ぶりの日本一に導くなど、黄金時代の「扇の要」として支えた。2006年のWBCでは世界一に輝いた経験がある。

日本一、世界一を経験した谷繁氏が熟考して組み合わせた侍ジャパンのスタメンは、捕手目線で「相手にとって脅威になる打線」。大谷翔平（エンゼルス）を1番、ラーズ・ヌートバー（カージナルス）を2番に選んだ。その狙いは――。

「相手バッテリーからすると、長打力があって、打撃技術がある大谷がヨーイドンの1番でくると厄介だと思います。2006年のWBCもイチローが1番で切り込み隊長を務めました。大谷とイチローはタイプこそ違いますが、塁に出れば俊足を生かせる点で共通している。3～5番を打てる打者がほかにいるので、無理に大谷をクリーンアップへ持っていく必要はないかなと。2番のヌートバーは、昨年メジャーで14本塁打を打ったように長打力がある。打率は低いけれど選球眼がよく、出塁率が高いのも魅力です」

二遊間は二塁に牧秀悟（DeNA）、遊撃は源田壮亮（西武）を配した。

「強豪国との試合は1点をいかに防ぐかがポイントになるので、二遊間の守備は大事。僕の現役時代は、横浜で遊撃に石井琢朗、進藤（達哉）さんと守備の名手がいて、二塁のローズと打ち取った打球を必ずゲッツーに取っていた。中日では荒木（雅博）、井端（弘和）が黄金期の鉄壁のコンビ。捕手からすると、二遊間が堅いと安心感があります。打撃でも、牧は速い球に強く、緩急にも崩されず、広角にヒットゾーンへ飛ばせる」と強調する。

投手陣は継投策が勝負を左右する。

「第2先発で起用される可能性が高い髙橋宏斗（中日）は常時150キロ超の直球に加え、落差の鋭いスプリットも打ち崩すのは難しい。落ちるボールを操れる選手は外国人打者に通用すると思います。宇田川優希（オリックス）も精度の高いフォークで三振を取れる。国際試合向きの

投手」と期待を込める。

命運を握るのが守護神だ。２００９年大会では、藤川球児が第１ラウンドから抑えで４試合連続無失点と結果を残したが、準決勝、決勝は先発要員のダルビッシュ有が抑えに抜擢され、大会連覇を飾った。

「今大会も準決勝から戦い方を変える可能性はあり得る。僕の理想で言えば、大谷を『１番・ＤＨ』で起用して、勝ちゲームの９回で抑えとして試合を締める。ただ、心身の負荷を考えた時に現実的ではないかも。ダルビッシュも準決勝以降に先発で登板機会がないなら、後ろに回すことは選択肢の一つ。伊藤大海（日本ハム）も抑え候補だと思います。落ちる球を持っているし、メンタルが強い。１イニングを全力で投げればなかなか打たれないですよ」

侍ジャパンは豪華なタレント軍団と形容されるが、世界の強豪国もスター選手の布陣で臨む。ベネズエラ、プエルトリコ、ドミニカ共和国は現役メジャーリーガーがチームの中心になっており、順調に勝ち進めば準々決勝でアメリカと激突する。

「非常に難しい大会になることは間違いない。ただ、侍ジャパンの先発、第２先発は、ＭＬＢの強打者が並ぶ打線でも、打者一巡は十分に抑えきれる投手たちが揃っている。鍵は接戦の展開で起用される試合終盤のリリーバー。大勢（巨人）、栗林（広島）が投げると思いますが、１イニングを投げ切れずに崩れると苦しくなる」と継投策をポイントに挙げる。

日本は１点を防ぎ、１点を奪う緻《ち》密《みつ》な野球で真価を発揮する。

「ベンチにいるメンバーに、レギュラーの選手たちと遜色ない実力があることは大きな強み。一塁は山川穂高（西武）、二塁は山田哲人（ヤクルト）、左翼には近藤健介（ソフトバンク）が控えているのが頼もしい。栗山監督も選手の状態を見極めながら、さまざまな構想を描いているでしょう。競った試合で代走や守備固めの選手たちが果たす役割は大きい。たとえば、周東佑京（ソフトバンク）の足は相手にとって非常に厄介。野手は途中出場の選手が鍵を握ると思います。総力戦で戦わないとなかなか勝てないでしょう」

勝負の神は細部に宿る――。栗山監督の采配、用兵術が注目される。

（取材・文／平尾　類）

谷繁元信が選ぶベストスタメン

1	指	大谷翔平
2	中	ヌートバー
3	右	鈴木誠也
4	三	村上宗隆
5	左	吉田正尚
6	二	牧秀悟
7	一	岡本／山川
8	捕	甲斐拓也
9	遊	源田壮亮

元東京ヤクルトスワローズ、福岡ソフトバンクホークス

五十嵐亮太

正捕手には打撃でも結果を残せるヤクルト・中村悠平を

Profile

いがらし・りょうた●1979年5月28日、北海道出身。敬愛学園高ーヤクルトーメッツーブルージェイズーヤンキースーソフトバンクーヤクルト。97年ドラフト2位。NPB通算65勝39敗70セーブ、防御率2.932004年セーブ王。。MLB通算5勝2敗4ホールド、防御率6.41

捕手には連覇原動力 ヤクルト・中村悠平推し

かつてヤクルトの守護神を務めた五十嵐亮太氏は、今回のベストスタメン予想に後輩の3選手を挙げた。ヤクルトは昨季、1992、1993年以来となる2度目の連覇。今回「燕三人衆」を推した理由は、2022年の活躍だ。東京2020五輪で活躍した甲斐拓也を正捕手に推す解説者もいるなかで、五十嵐氏はセ・リーグ連覇の立役者、中村悠平を挙げる。

「もちろん甲斐選手もよいのですが、中村選手は昨シーズン、とても光っていました。配球面では、2022年シーズンの終盤からインコースの使い方がとてもうまかった。思い切るところは思い切って、かわすとこはかわすというバランスも。続け球もうまいですし、ここぞという時の配球も含め、彼にしかできないことがある。今やってみせることによって後の試合で優位になると考えながらリードできる、視野の広い捕手。打撃でも結果を残せるタイプなので、起用しやすいのでは」

4番・三塁には昨季56本塁打の村上宗隆。村上とMLB投手との対決は、今大会の見どころの一つでもある。2010~2012年にMLB3球団でプレーした五十嵐氏は、MLBならではの動くボールにも対応できるとみる。

「いわゆるツーシーム系のボール。アメリカでは表記が『シンカー』になっていますが、その球種にどう対応できるかには注目です。150キロ中盤から後半にかけて、右投手で言うとシュート回転で落ちてくる。左打者にとって、その外角のボールはなかなか対応しにくいですが、村上選手は反対方向に強い打球を打てるので対応できると思います」

そして、1番・中堅には同じくヤクルト勢の塩見泰隆を推していたが、代表入りはかなわず。

「ヤクルトの中でも、彼が1番で結果を残した時の打線のつながりや盛り上がり方をかなり感じていたので。代表クラスでも、彼はキーにはなると思ったのですが……」

内野には一塁・山川穂高（西武）、二塁・牧秀悟（DeNA）を配したが、最も悩んだ点は遊撃。2013年WBC以降、日本代表として主要国際大会に出場し続けてきた坂本勇人（巨人）が、コンディションを理

由に辞退。そこで、遊撃には鉄壁の守備力を誇る源田壮亮（西武）を挙げた。外野では近藤健介（同）も入れたい……と考えながら、鈴木誠也（カブス）を3番・右翼に。そして、MLB移籍ホヤホヤの吉田正尚（レッドソックス）の出場表明には驚いたという。

「この状況で『出たい』と球団に伝えた吉田選手が凄い。アメリカでは契約が厳しいので、出にくい状況になるところですが、栗山監督もうれしいでしょうね、吉田選手がいることによって選手層が一気に厚くなる」

リリーフ出身の五十嵐氏は投手陣の起用をどう考えるか。2年連続四冠の山本由伸、2年連続2桁勝利を挙げた宮城大弥のオリックス勢、昨季完全試合の佐々木朗希（ロッテ）、東京2020五輪で抑えを務めた栗林良吏（広島）……と興味は尽きない。

「佐々木投手は（MLB公式球に近い）ボールが合う、合わないということもありますが、MLBの打者に対してどんな投球をするのか楽しみ。球団の育成計画とバランスが取れるといいですね。栗林投手が抑えとなると、中継ぎは大勢投手が7回もしくは8回に入ってもいい。オリックスの宮城投手も、対応能力が高そうなので、国際試合でもブレない気がします。山本投手はもちろん見たい。あとは、どこかのタイミングで大谷翔平選手が投げてくれないかなあ。……話しているだけでも楽しいですね（笑）」

チームの精神的支柱はダルビッシュ有（パドレス）とみる。

「日本代表は組織として、同じ方向に向かっていく形ができ上がっていると感じます。柱はやはりダルビッシュ投手、アメリカで結果を残した『軸』になる選手です。精神的支柱となる選手は大きな存在。日本の野球のよさと、アメリカの野球のよさを理解しているので、チームにとってよいものをもたらしてくれると思います。今大会の日本代表には経験者もいて、若手もいる。その若手も組織の中に入った時に、自分の役割や立場をしっかり理解して動ける選手ばかり。全体的にとてもバランスがいいですよね。今回のメンバーは、何か新しい世代のWBC日本代表という気がします」

（取材・文／丸井乙生）

五十嵐亮太が選ぶベストスタメン

1	指	大谷翔平
2	左	吉田正尚
3	右	鈴木誠也
4	三	村上宗隆
5	一	山川穂高
6	中	ヌートバー
7	二	牧秀悟
8	遊	源田壮亮
9	捕	中村悠平

元千葉ロッテマリーンズ

渡辺俊介

「2006年イチローの先頭弾」あの雰囲気をつくれるのは大谷

Profile
わたなべ・しゅんすけ●1976年8月27日、栃木県出身。國學院栃木高ー国学院大ー新日本製鐵君津ーロッテー米独立リーグ。2000年ドラフト4位。13年にレッドソックスとマイナー契約。NPB通算255試合登板87勝82敗、防御率3.65

相手に脅威 味方に勢い「1番・大谷翔平」

WBCには2006年の第1回大会から2大会連続出場。ロッテからMLB挑戦を経て、2021年には日本製鉄かずさマジック監督として都市対抗にも出場した。

日本を代表する下手投げ右腕・渡辺俊介氏は、日本代表に新たな期待を寄せている。これまで日本野球と言えば〝スモールベースボール〟が代名詞だったが、今大会は「パワフルさと日本人らしい繊細さもある野球が見られるのではないか」と語る。

ベストオーダーについて聞くと、今大会開口一番に名前を挙げたのは、今大会最注目のあの選手だ。

「1番・DHで大谷翔平（エンゼルス）」

理由は投手出身ならではの視点だ。

「相手にとって最も脅威となる選手が1番にくるのは、やはり嫌だと思うんです。大谷選手には最高のパフォーマンスを見せてもらいたいので、自由に打ってほしい。それに彼なら、雰囲気にのまれることなく大舞台を楽しめる。そう考えると大谷選手が先頭にいてくれたらチームも乗っていきやすいと思うんです」

自身の実体験からも大谷を先頭に置きたい理由がある。

「第1回大会第2ラウンド初戦のアメリカ戦、イチローさんが先頭打者本塁打を打ちました。日本代表はあれでどれだけ勇気づけられたかわかりません。あのような雰囲気をつくれるのは、やっぱり大谷選手かなと」

2番には、鈴木誠也（カブス）と菊池涼介（広島）で迷ったという。

「短期決戦では守備で悪い流れを変えられることも多い。そうなると、二塁の菊池選手は外せない。彼の華麗なプレーはMLBのファンも、魅了してくれるはずと思ったのですが……」

菊池は今回代表入りしなかったことから、2番に鈴木を入れた。

「MLBの投手やボールにもだいぶ慣れてきて、今季は相当やってくれるだろうという期待を寄せている鈴木選手を2番に。大谷選手との1、2番コンビを組んだら、投手は相当嫌だろうと思います」

中軸は、3番・左翼で吉田正尚（レッドソックス）、4番・三塁に村上宗隆（ヤクルト）、5番・一塁が岡本和真（巨人）と、日本が誇るスラッガーをズラリと並べた。

「正直、3〜5番は、誰がどの打順でもいいかなと。3人とも本塁打を打てるだけでなく、状況に応じての打撃ができる器用な打者。たとえ相手がシフトを敷いてきても、空いているスペースにポンと打てる技術を持っています」

中軸の後には、代表を辞退した柳田悠岐（ソフトバンク）を候補にしており、ここが一番のポイントだと考えていた。

「僕が監督だったら、あれだけフルスイングしてくる打者が6、7番にいたら絶対に嫌です。だからギータをそこに置きたかったのです」

渡辺氏が理想とする打順は、パワーのある打者を中軸の後に据えること。そこで、柳田の代わりに名前を挙げたのがヌートバーだ。昨季カージナルスで108試合に出場し、14本塁打を放ったパンチ力に期待をかける。

そして守備の要となる二遊間。遊撃は源田壮亮（西武）をセレクト。社会人出身であり、守備が明暗を分けることになる短期決戦を熟知しているだけに適任だと語る。打順は9番に置くことも考えたが8番に置き、9番・捕手には国際大会の経験値の高い甲斐拓也を推す。

「普段受けていない、さまざまな投手の球を受けるのは大変。だから捕手の負担を少しでも減らしたいなと。これだけ厚みがあるオーダーなので、8、9番は守備のことを優先にして考えました」

渡辺氏自身、WBCは2度出場の経験がある。第1回大会はチームメートの里崎智也とのバッテリーだったため「あ・うん」の呼吸だったが、2009年の第2回大会は城島健司（当時ソフトバンク）が主に正捕手を務め、ライバルチームの捕手とバッテリーを組んだ。それでも安心して投げられたという。

「城島とは同い年で、普段から会話をしていたということもありましたが、僕がどうしたいかを彼は聞いてくれたんですよね。お互いに本音で意見をぶつけ、理解しあったなかで投げられたことが大きかったなと思います。今回は若い投手が多いですし、短期決戦の独特な空気の中でも冷静でいてくれるはずです。しかも強肩の甲斐なら若い投手たちも安心して投げられると思います」

（取材・文／斎藤寿子）

渡辺俊介が選ぶベストスタメン

1	指	大谷翔平
2	右	鈴木誠也
3	左	吉田正尚
4	三	村上宗隆
5	一	岡本和真
6	中	ヌートバー
7	二	山田哲人
8	遊	源田壮亮
9	捕	甲斐拓也

トクサンTV【A&R】

YouTuber

「1番・鈴木」が最大の推し 2番は議論の末「DH大谷」

Profile

トクサン（本名・徳田正憲）●1985年3月18日、東京都出身。帝京高─創価大。高3夏に甲子園出場。主将を務めた大学4年時に全日本大学選手権4強入りし、ドラフト候補に。卒業後に入団した草野球チーム「天晴」のチームメート、ライパチのYouTube出演を機に2016年からYouTube「トクサンTV」をスタート

Profile

ライパチ（本名・大塚卓）●1987年11月20日、新潟県出身。高校時代に野球部に所属。トクサンとは草野球チーム「天晴」で出会った。野球への情熱が強く、トクサンとともに人気YouTuberとして活躍している

議論紛糾の「2番」はDH大谷で着地

野球系YouTube番組「トクサンTV【A&R】」は、登録者70万人以上の大人気チャンネル。運営するトクサンは、帝京高校で3年夏に甲子園に出場した〝ガチ勢〟であり、動画にはプロの現役選手も多数出演するほどの認知度を誇る。出演している人気YouTuberの2人「トクサン」と「ライパチ」がファン目線でベストスタメンをセレクトした。

まずは打順。1番打者は大胆にも、「右翼の鈴木誠也（カブス）」で意見が一致した。2人は、今回のベストスタメン最大のポイントだと強調する。

トクサン「広角に打つことができて選球眼もいい。足もあることに加え、MLB投手の動くボールにも慣れている。その鈴木選手を1番に挙げないほうが不思議なくらい。投手にとって、こんなに怖い打者を先頭に置かない理由はないですよ」

続いて2番を決めようとしたところ、早々と議論が白熱した。トクサンは左翼・吉田正尚（レッドソックス）もしくは遊撃・源田壮亮（西武）を推薦。しかし、ライパチはDH・大谷翔平（エンゼルス）で譲らない。

トクサン「大谷選手は3番で考えていたんです。MLBにおいても強打者の大谷選手をNPB選手の間に置いて、中軸に厚みを持たせたい」

ライパチ「もし鈴木選手が凡退した場合、2番・大谷選手がMLBの投手にどう対応していくかを早めに見ておきたいじゃないですか。後ろも凄い打者ばかりで、打線の選手層が薄くなることはないから大丈夫！『2番・DH大谷選手』でお願いします！」

拝み倒されたトクサンは熟考の末に「大谷選手は最初の回で見たい選手なので、1～3番のいずれかには必ず入れようとは考えていたから」と、ライパチの「2番・大谷」を採用した。

上位打線にはスラッガーを並べたいという2人。その方針により、3番にはレッドソックスに移籍したば

かりの左翼・吉田正尚を入れた。先頭から鈴木、大谷、吉田。圧巻の打順は、2番・大谷、吉田がチャンスに強い打者だけに、この3人と最初のイニングで対戦せざるを得ない相手にとっては脅威だろう。

4番・三塁には昨季日本記録の56本塁打を放った村上宗隆（ヤクルト）、5番には牧秀悟（DeNA）を置くことも一致したが、牧のポジションには2人の意見が分かれた。

トクサン「一塁でしょう」

ライパチ「いや、二塁で」

牧の本職は二塁だが、同じポジションに東京五輪金メダルメンバーの山田哲人（ヤクルト）もいることから2人は頭を悩ませた。最終的に昨年の代表強化試合で一塁手として好守備を見せた牧を一塁に置くことで決着。二塁は山田とした。

打順6番の候補は、山田とヌートバー（カージナルス）。

トク&ライ「ヌートバー選手は打率があまり高くないけれど、山田選手は国際試合に強いというイメージがある」

意見は一致して6番・山田、7番・ヌートバーにすんなりと決まった。

そして、8番には捕手の甲斐拓也（ソフトバンク）、9番には遊撃の名手・源田壮亮（西武）を配し、「ベストスタメン」が完成した。

日本代表が優勝するには、MLB選手以外の活躍が必須だと考える。

トクサン「大谷選手、鈴木選手、そしてダルビッシュ（有）選手（パドレス）も凄いし、活躍を期待しています。でも、他国だって凄い選手が出てくる。アメリカやドミニカ、そしてアジアの国々も力をつけていますから手強いですよ。MLBの選手だけでなく、NPBの選手たちこそ重要。注目してほしいです」

「トクサンTV【A&R】」は今大会、クリエイターたちがWBCの公式映像を自由に発信できるプロジェクト「OUR MOMENTS」のアンバサダーに任命されている。プロジェクトでは、プレーの裏側に迫りたいという。

ライパチ「結果的に勝敗に結びついたプレーも、本当はその一つ前のプレーが重要なことがあります。投手が失点した時には、その前の配球が伏線だったりすることも。それこそが野球の奥深さであり醍醐味。そういう部分をオリジナル・ハイライトとして配信していきたいと思っています」

（取材・文／斉藤寿子）

トクサンTV【A&R】が選ぶベストスタメン

1	右	鈴木誠也
2	指	大谷翔平
3	左	吉田正尚
4	三	村上宗隆
5	一	牧秀悟
6	二	山田哲人
7	中	ヌートバー
8	捕	甲斐拓也
9	遊	源田壮亮

野球YouTuber向

YouTuber

Profile

やきゅう・ゆーちゅーばー・むこう●1990年7月13日、福岡県生まれ。小、中、高で野球部主将。高校通算15本塁打、投げては最速143キロ。2015年10月からYouTuberとして活動。草野球チーム「ムコウズ」主宰。NPO法人バイタル・プロジェクト代表理事。東京・荒川区で子ども食堂を運営

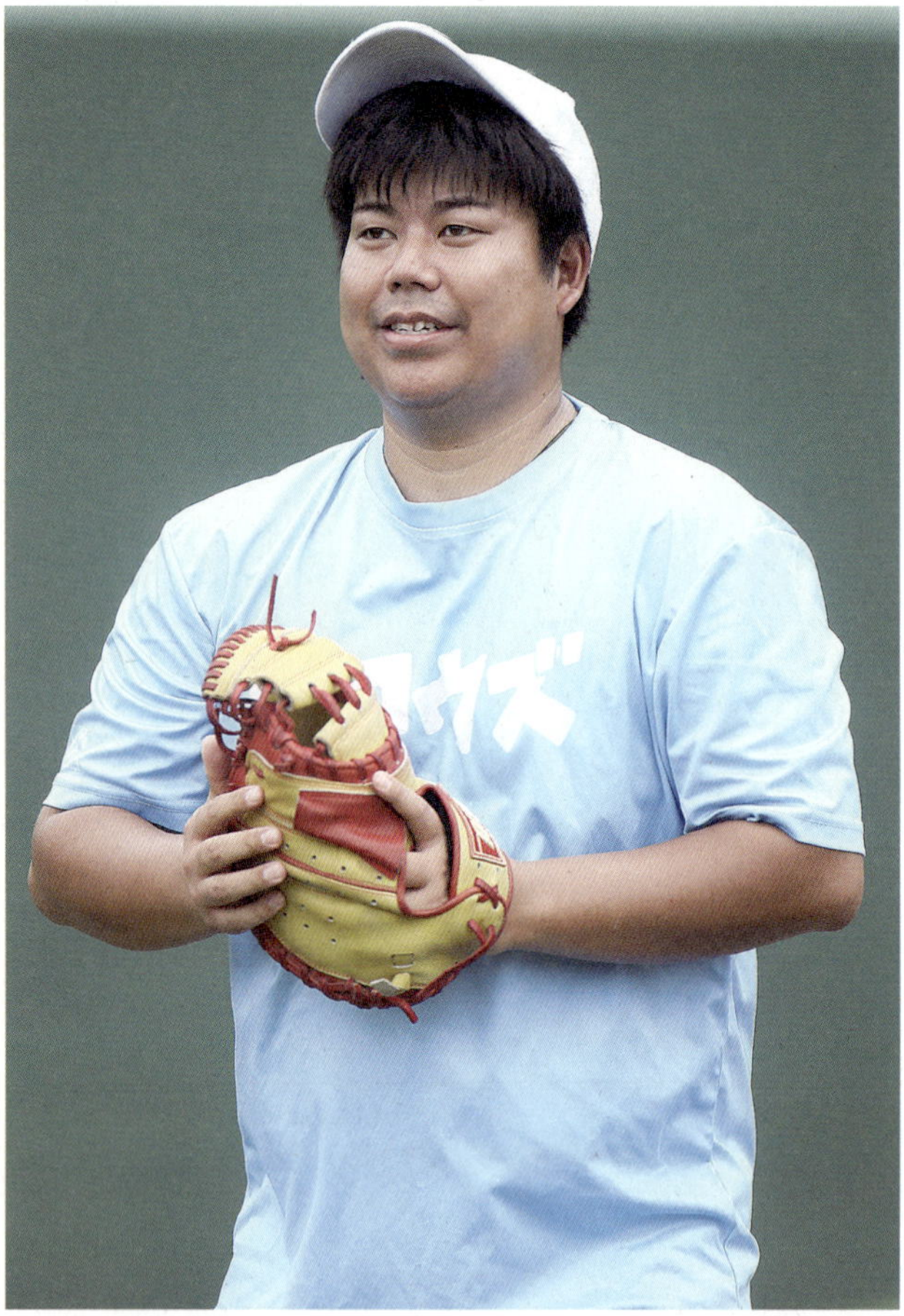

奇抜なド派手打線
大谷翔平は「4番・中堅」

野球、そして最近ではサウナ動画でも独自企画を展開する野球YouTuber向。今回のベストスタメンには当初「スモール・ベースボール」をテーマに掲げたが、ひたすら「見たい」という思いを詰め込んだ結果、超ビッグな打線ができあがった。

「内野は日本のプロ野球を支える猛者たち。外野はMLB軍団。全然スモールではないですね。奇抜です（笑）」

ドリーム・チームの4番は、大谷翔平選手（エンゼルス）。これは予想する向きもあるところだが、DHではなく、なんと中堅手に〝指名〟した。MLBにおける大谷の外野守備は、2021年4月24日のアストロズ戦（ミニッツメイド・パーク）が初めてで、8回から左翼を守った。日本ハム時代以来7年ぶりのことで、異例中の異例。それを今大会で「見たい」のだという。

大谷は「4番・中堅」で 荒川区出身・鈴木に期待

「日本ハム時代には強肩から繰り出すレーザービームを何度も見ました。イチローさんみたいに中堅にいてくれたら、守備にも厚みが出ると思います。実現したら凄いですよ。足も速い、肩も強い、そして打ってくれる。経験を積んで、MLBであれだけの成績を収めているので、一番視野が広い選手だと思います。現実的ではないかもしれないけれど、9回には抑え投手として、中堅からマウンドに立つ姿も見てみたい」

6番・右翼に置いた鈴木誠也（カブス）には、特別な思いをこめている。〝荒川区つながり〟だ。自身の活動拠点でもある同区には、日本代表が東京2020五輪金メダルを獲得した功績をたたえた金色の郵便ポスト「ゴールドポスト」が設置されており、鈴木の名前が入ったプレート入り。過去にはYouTube企画で鈴木が所属していた少年野球チームを取材したこともある。

「（ポストは）普段から使わせてもらっています。荒川区出身というところで、とくに楽しみにしています」

中軸以外の打順には頭を悩ませ、何度もメンバーを入れ替えた。取材時は日本代表の発表前で、7番・二

塁で菊池涼介（広島）の起用も考えたが、代表入りはならず。そこで7番・DHで牧秀悟（DeNA）案も検討したが、二塁は国際試合の経験を買って山田哲人（ヤクルト）に決断。外野は残りの1人について「近藤健介選手（ソフトバンク）も入れたいですし、悩みますね」と逡巡しながら、ようやく左翼・ヌートバーとした。

投手陣はダルビッシュ有（パドレス）、2年連続投手四冠の山本由伸（オリックス）、常時160キロを出せる佐々木朗希（ロッテ）を先発3本柱と捉えている。なかでも、ダルビッシュは東北高校（宮城）時代から注目しており、今大会は侍ジャパン最年長となることから、先輩としての役割にも期待を寄せる。

「最初はWBCに参加しないと思っていたので、栗山英樹監督とのツーショットには感動しました。年齢を重ねても進化している。若手選手に海外選手の特徴などを教えて、自分は背中で引っ張る。そんな姿が見たいです。初戦の登板は外せないと思います。ダルビッシュ投手が投げて、中堅に大谷選手がいたら、もうワクワクですよ」

野球を愛するYouTuberの妄想はさらに膨らむ。なんと第2案も用意しており、「攻撃的ベストスタメン」まで考えていた。打順は1番からヌートバー、大谷、鈴木、4番に村上宗隆（ヤクルト）、5番以降は吉田正尚（レッドソックス）、山川穂高（西武）、山田、牧、大城卓三（巨人）だ。

「（第2案では）1番打者が難しかったですね。代表発表前には近本光司選手（阪神）も候補に考えていましたが、発表されたメンバーとMLB投手の攻略を考えたら、経験のあるヌートバー選手。僕が草野球チームでも打っている2番は、近年言われる〝2番最強説〟も踏まえて大谷選手。6番は中軸の後でも一発が狙える山川選手です」

自らつくり上げた夢のオーダーに「これ、当てたいですね」と意気込む。ベストメンバーを考えながら、YouTuberとして2023年の目標も定まった。

「こうして見ると、侍ジャパンの選手に全然会ってないですね。今年はアプローチしたいです。いつか会える機会があればと思いながら頑張ります」

（取材・文／岡田　剛）

野球YouTuber向が選ぶベストスタメン

1	二	山田哲人
2	指	吉田正尚
3	三	村上宗隆
4	中	大谷翔平
5	一	岡本和真
6	右	鈴木誠也
7	遊	源田壮亮
8	左	ヌートバー
9	捕	甲斐拓也

データで見る
WBC
MVP

“平成の怪物”は2大会連続 投手が4大会中3回の受賞

過去4大会のMVP、そしてベストナインには必ず日本勢が選出されている。各国のスター選手が集結する今大会のMVPは果たして――

WBC過去4大会のベストナイン

大会	位置	選手	国	MVP	大会	位置	選手	国	MVP
2006	投手	松坂大輔	日本	◎	2013	投手	フェルナンド・ロドニー	ドミニカ共和国	
		ヤディ・マルティ	キューバ				ネルソン・フィゲロア	プエルトリコ	
		パク・チャンホ	韓国				前田健太	日本	
	捕手	里崎智也	日本			捕手	ヤディエル・モリーナ	プエルトリコ	
	一塁	イ・スンヨプ	韓国			一塁	エドウィン・エンカーナシオン	ドミニカ共和国	
	二塁	ユリエスキ・グリエル	キューバ			二塁	ロビンソン・カノ	ドミニカ共和国	◎
	三塁	エイドリアン・ベルトレ	ドミニカ共和国			三塁	デビッド・ライト	アメリカ	
	遊撃	デレク・ジーター	アメリカ			遊撃	ホセ・レイエス	ドミニカ共和国	
	外野	イチロー	日本			外野	ネルソン・クルース	ドミニカ共和国	
		イ・ジョンボム	韓国				アンヘル・パガン	プエルトリコ	
		ケン・グリフィー Jr.	アメリカ				マイケル・ソーンダース	カナダ	
	DH	ヨアンディ・ガルロボ	キューバ			DH	井端弘和	日本	
2009	投手	松坂大輔	日本	◎	2017	投手	マーカス・ストローマン	アメリカ	◎
		岩隈久志	日本				千賀滉大	日本	
		ポン・ジュングン	韓国				ジョシュ・ゼイド	イスラエル	
	捕手	イバン・ロドリゲス	プエルトリコ			捕手	ヤディエル・モリーナ	プエルトリコ	
	一塁	キム・テギュン	韓国			一塁	エリック・ホズマー	アメリカ	
	二塁	ホセ・ロペス	ベネズエラ			二塁	ハビアー・バエス	プエルトリコ	
	三塁	イ・ボムホ	韓国			三塁	カルロス・コレア	プエルトリコ	
	遊撃	ジミー・ロリンズ	アメリカ			遊撃	フランシスコ・リンドーア	プエルトリコ	
	外野	青木宣親	日本			外野	クリスチャン・イエリッチ	アメリカ	
		フレデリク・セペダ	キューバ				ウラディミール・バレンティン	オランダ	
		ヨエニス・セスペデス	キューバ				グレゴリー・ポランコ	ドミニカ共和国	
	DH	キム・ヒョンス	韓国			DH	カルロス・ベルトラン	プエルトリコ	

ＷＢＣ過去４大会のベストナインを振り返ると、当初の２大会は日本、韓国、キューバの活躍が目立ち、直近２大会ではドミニカ共和国、プエルトリコの躍進が目立つ。

投手では、松坂大輔（当時西武、レッドソックス）が２００６、２００９年の連覇時にいずれもＭＶＰを獲得した。先発として合計６試合に登板して各３勝。“平成の怪物”と呼ばれた証しの一つでもある。２００６年の第１回大会では全試合でマスクをかぶった里崎智也（当時ロッテ）も選出された。

２００９年第２回大会では、キューバ打線を相手に内野ゴロ15個という凡打の山を築いた岩隈久志（当時楽天）もベストナイン入り。外野手では、当時ヤクルトで２０１２年からＭＬＢ（ブルワーズ）へ移籍した青木宣親も選ばれた。２０１３年の第３回大会では前田健太（当時広島）、２０１７年の第４回大会は千賀滉大（当時ソフトバンク）が選ばれた。

今大会では投打両面で大谷翔平（エンゼルス）、投手ではダルビッシュ有（パドレス）、野手では日本の大砲・村上宗隆（ヤクルト）がＭＶＰ候補になりそうだ。

WBC 侍ジャパン
激闘の「記録」と「記憶」

証言＆過去４大会の完全データ

2006年 第1回大会

“世界の王”がアメリカの夜空に舞った

証言❶ 王貞治

世界最多記録となる通算868本塁打で「世界の王」と呼ばれる王貞治氏（ソフトバンク球団会長）は、日本代表を世界一に導いた。決勝でキューバを10―6で撃破すると、指揮官はアメリカの夜空に3度舞った。

「決勝戦になったら、もう無心ですね。勝ち負けよりも、ここまで来たんだから、日本らしい野球やろうという感じで。選手たちも思いきりよくプレーしてくれました」

1次ラウンド、2次ラウンド、そして準決勝で3度も韓国と対戦。1、2戦は敗れたが、準決勝は代打・福留孝介（中日）の先制2ランなどで劇的勝利。福留は右肩痛と不調から控えに回っていた。

「チャンスが来たら出すから準備だけしておいてくれ、と伝えていました。ちょうど右下手投げの投手に変わって、（左打ちの）福留選手にバッチリの場面。完璧な打撃をしてくれました。やはり日の丸をつけると、選手は別人になります。それが僕はすごく印象的でした。今回も、選手たちは真剣にいい戦いをしてくれると思います」

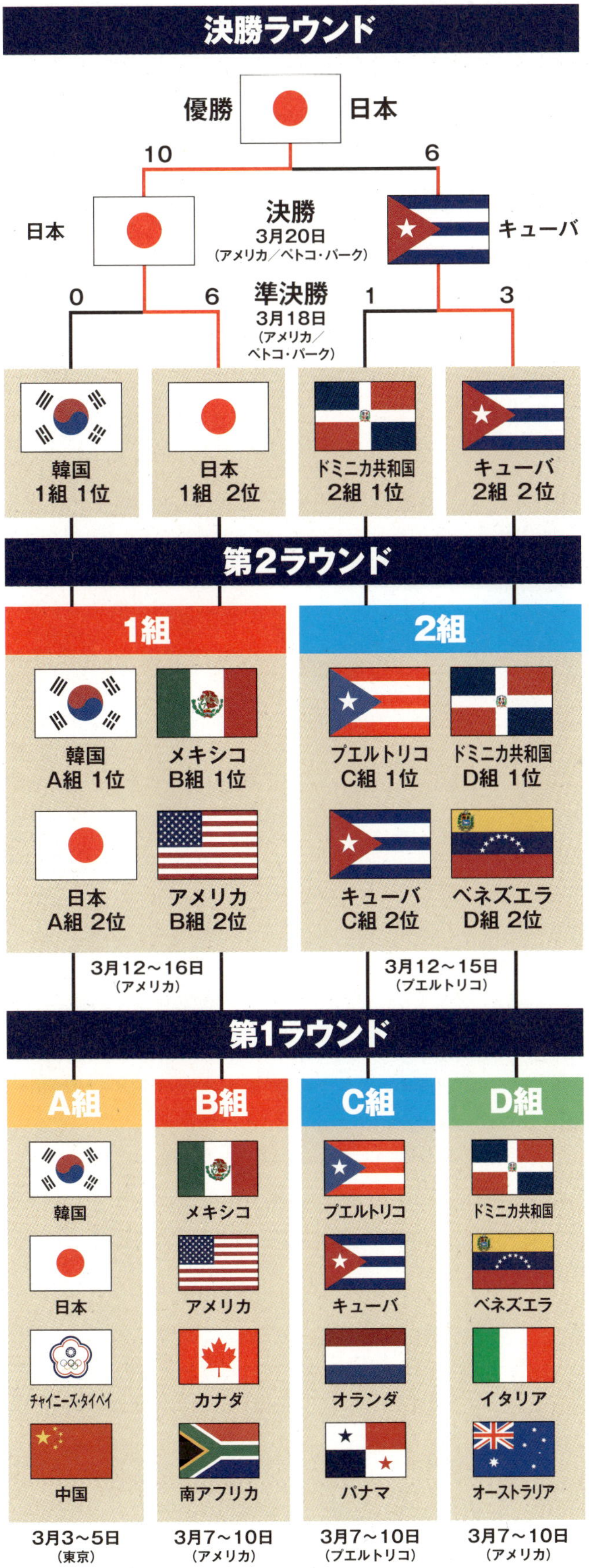

決勝ラウンド

決勝

日本ーキューバ 3月20日　（アメリカ／ペトコ・パーク）

	1	2	3	4	5	6	7	8	9	計
日本	4	0	0	0	2	0	0	0	4	10
キューバ	1	0	0	0	0	2	0	2	1	6

［日］○松坂、渡辺俊、藤田、(S)大塚ー里崎
［キ］●ロメロ、オデリン、N.ゴンサレス、Y.ペドロソ、パルマ、マヤ、Y.ゴンサレス、マルティネスーペスタノ

準決勝

日本ー韓国 3月18日　（アメリカ／ペトコ・パーク）

	1	2	3	4	5	6	7	8	9	計
日本	0	0	0	0	0	0	5	1	0	6
韓国	0	0	0	0	0	0	0	0	0	0

［日］○上原、薮田、大塚ー里崎
［韓］徐在応、●全炳斗、金炳賢、奉重根、孫敏漢、ペ英洙、呉昇桓ー趙寅成、陳甲龍

第2ラウンド　1組

日本ーアメリカ 3月12日（アメリカ／エンゼル・スタジアム）

	1	2	3	4	5	6	7	8	9	計
日本	1	2	0	0	0	0	0	0	0	3
アメリカ	0	1	0	0	0	2	0	0	1x	4

［日］上原、清水、藤田、薮田、●藤川ー谷繁、里崎
［ア］ピーヴィー、シールズ、T.ジョーンズ、フエンテス、ネイサン、○リッジーシュナイダー、バレット

日本ーメキシコ 3月14日（アメリカ／エンゼル・スタジアム）

	1	2	3	4	5	6	7	8	9	計
日本	0	0	0	4	1	0	0	0	1	6
メキシコ	0	0	0	0	0	0	0	1	0	1

［日］○松坂、和田毅、薮田、大塚 ー 里崎
［メ］●ロアイサ、レイエス、オルテガ、オスナ、アヤラーオヘダ

韓国ー日本 3月15日（アメリカ／エンゼル・スタジアム）

	1	2	3	4	5	6	7	8	9	計
韓国	0	0	0	0	0	0	0	2	0	2
日本	0	0	0	0	0	0	0	0	1	1

［韓］朴賛浩、全炳斗、○金炳賢、具臺晟、呉昇桓ー趙寅成
［日］渡辺俊、●杉内、藤川、大塚ー里崎

第1ラウンド　A組

日本ー中国 3月3日（東京ドーム）

	1	2	3	4	5	6	7	8	計
日本	0	1	1	0	4	3	2	7	18
中国	0	0	0	2	0	0	0	0	2

［日］○上原、(S)清水ー里崎
［中］李晨浩、●趙全勝、卜涛、徐錚、李帥、李宏瑞、黄権ー王偉

日本ーチャイニーズ・タイペイ 3月4日（東京ドーム）

	1	2	3	4	5	6	7	計
日本	3	1	1	0	6	1	2	14
チャイニーズ・タイペイ	0	1	0	0	0	2	0	3

［日］○松坂、薮田、小林宏、藤川 ー 里崎、相川
［チ］●許竹見、陽耀勲、蔡英峰、許文雄、増菘ウェイ、黄俊中、郭泓志、陽建福ー葉君璋、陳峰民

韓国ー日本 3月5日（東京ドーム）

	1	2	3	4	5	6	7	8	9	計
韓国	0	0	0	0	1	0	0	2	0	3
日本	1	1	0	0	0	0	0	0	0	2

［韓］金善宇、奉重根、ペ英洙、○具臺晟、朴賛浩ー趙寅成
［日］渡辺俊、藤田、杉内、●石井弘、藤川、大塚ー里崎

2006年 第1回大会

第2ラウンドのアメリカ戦で8回、球審のデービッドソン氏に王監督が抗議。「世紀の誤審」として話題に

誤審 そして韓国に連敗 苦難の末に初代王者

第1回大会は、日本が苦難の末に初代王者に輝いた。

第1ラウンドで韓国に敗れ、第2ラウンドのアメリカ戦では〝世紀の誤審〟に見舞われた。8回に三塁走者・西岡剛（ロッテ）が左飛でタッチアップし本塁生還も、球審は判定を覆して得点ならず。王監督が抗議したが実らず、サヨナラ負けを喫した。3日後には韓国に再び敗れ、決勝ラウンド進出は絶望的と思われた。しかし、ここで2敗のメキシコがアメリカ撃破の大金星。失点率で上回った日本が決勝ラウンドに進出した。

準決勝では、三たび韓国と対戦。0―0で迎えた7回、代打・福留孝介（中日）が1死二塁の場面で先制2ラン。劇的な勝利を飾った。

決勝のキューバ戦では1点リードの9回、1死一、二塁のチャンスでイチローが右前へ。二塁走者・川﨑宗則は本塁へ突入し、捕手のブロックをかいくぐって右手を滑りこませた。「神の手」で追加点をもぎ取ると、日本はさらに加点し、10―6で優勝を飾った。

（所属は当時）

監督…王貞治
コーチ…弘田澄男、大島康徳、鹿取義隆、辻発彦、武田一浩

投手

左右	氏名	所属チーム(当時)	登板	完投	先発	完了	勝利	敗北	セーブ	打者	投球回	被安打	被本塁打	四球	死球	奪三振	失点	自責点	防御率
△	石井 弘寿	東京ヤクルトスワローズ	1	0	0	0	0	1	0	5	2/3	2	1	1	0	1	2	2	27.00
	上原 浩治	読売ジャイアンツ	3	0	3	0	2	0	0	67	17	17	2	0	1	16	3	3	1.59
	大塚 晶則	テキサス・レンジャーズ	5	0	0	5	0	0	1	21	5 2/3	2	0	2	0	8	1	1	1.59
	小林 宏之	千葉ロッテマリーンズ	1	0	0	0	0	0	0	7	1	3	0	0	0	3	2	2	18.00
	清水 直行	千葉ロッテマリーンズ	2	0	0	1	0	0	1	17	4 1/3	3	1	1	0	6	2	2	4.15
△	杉内 俊哉	福岡ソフトバンクホークス	2	0	0	0	0	1	0	13	3 1/3	1	0	2	0	2	2	2	5.40
	藤川 球児	阪神タイガース	4	0	0	2	0	1	0	13	2 2/3	4	0	0	1	3	1	0	0
△	藤田 宗一	千葉ロッテマリーンズ	3	0	0	0	0	0	0	4	1	1	1	0	0	1	1	1	9.00
	松坂 大輔	西武ライオンズ	3	0	3	0	3	0	0	50	13	8	1	3	2	10	2	2	1.38
	薮田 安彦	千葉ロッテマリーンズ	4	0	0	0	0	0	0	16	4 1/3	2	1	0	1	5	1	1	2.08
△	和田 毅	福岡ソフトバンクホークス	1	0	0	0	0	0	0	7	2	1	0	0	0	1	0	0	0
	渡辺 俊介	千葉ロッテマリーンズ	3	0	2	0	0	0	0	55	13 2/3	8	0	2	3	6	4	3	1.98
	久保田 智之	阪神タイガース																	
	馬原 孝浩	福岡ソフトバンクホークス																	
	チーム計		8	0	8	8	5	3	2	275	68 2/3	52	7	11	8	62	21	19	2.49

※開幕前の2月25日、右手人さし指打撲の黒田博樹に代わり久保田智之、2次リーグ前の3月10日、左肩違和感の 石井弘寿に代わり馬原孝浩。「左右」の△は左投げ

野手

左右	氏名	所属チーム(当時)	試合	打数	得点	安打	二塁打	三塁打	本塁打	打点	盗塁	四球	故意四球	死球	三振	打率	長打率	出塁率	失策
	相川 亮二	横浜ベイスターズ	1	2	0	1	0	0	0	0	0	0	0	0	0	.500	.500	.500	0
△	青木 宣親	東京ヤクルトスワローズ	6	5	1	1	0	0	0	1	0	1	0	0	1	.200	.200	.333	0
	新井 貴浩	広島東洋カープ	2	3	1	1	0	0	0	0	0	0	0	0	2	.333	.333	.333	0
△	イチロー	シアトル・マリナーズ	8	33	7	12	1	0	1	5	4	4	1	1	1	.364	.485	.447	0
	今江 敏晃	千葉ロッテマリーンズ	5	10	0	2	0	0	0	4	0	0	0	0	2	.200	.200	.200	0
△	岩村 明憲	東京ヤクルトスワローズ	6	18	4	7	0	1	0	3	2	2	0	0	3	.389	.500	.429	1
△	小笠原 道大	北海道日本ハムファイターズ	8	26	5	6	1	1	0	7	0	2	0	1	6	.231	.346	.290	0
△	川﨑 宗則	福岡ソフトバンクホークス	8	27	6	7	1	0	1	5	2	2	0	1	1	.259	.407	.333	2
□	金城 龍彦	横浜ベイスターズ	5	5	1	1	0	0	0	0	0	1	0	0	0	.200	.200	.333	0
	里崎 智也	千葉ロッテマリーンズ	8	22	6	9	1	0	1	5	0	2	0	0	3	.409	.591	.458	0
	谷繁 元信	中日ドラゴンズ	2	4	0	0	0	0	0	0	0	0	0	0	3	.000	.000	.000	0
	多村 仁	横浜ベイスターズ	8	27	6	7	0	0	3	9	0	6	0	1	9	.259	.593	.412	0
□	西岡 剛	千葉ロッテマリーンズ	8	31	7	11	0	1	2	8	5	6	0	0	4	.355	.613	.447	3
△	福留 孝介	中日ドラゴンズ	8	22	4	4	0	0	2	6	0	2	0	0	2	.182	.455	.240	0
△	松中 信彦	福岡ソフトバンクホークス	8	30	11	13	4	0	0	2	0	4	1	2	1	.433	.567	.528	
	宮本 慎也	東京ヤクルトスワローズ	3	3	1	2	1	0	0	2	0	0	0	0	0	.667	1.00	.667	0
	和田 一浩	西武ライオンズ	2	2	0	0	0	0	0	0	0	0	0	0	1	.000	.000	.000	0
	(渡辺 俊介)	千葉ロッテマリーンズ																	1
	チーム計		8	270	60	84	9	3	10	57	13	32	2	6	39	.311	.478	.390	7

※「左右」の△は左打ち、□は両打ち

Remenber WBC 2006

かわさき・むねのり●1981年6月3日、鹿児島県出身。鹿児島工高から99年ドラフト4位でダイエー（当時）入団。2012年からMLB3球団に所属。17年古巣復帰。19年は台湾球界、現在は栃木ゴールデンブレーブス。WBCは06、09年出場。180センチ、75キロ。右投げ左打ち

証言 2

川崎宗則

「必ずホームに還る。考えていたというより、体が勝手に反応した」

2006年の第1回大会、川崎宗則は正遊撃手として全試合に出場した。決勝では9回に捕手のブロックをかいくぐって右手で本塁にタッチ。「神の手」で優勝を手繰り寄せた。

左手想定のブロック突破 劇的生還で右肘負傷

「神の手」で1点をもぎ取った。再び同じ場面を迎えたとしても、「手」でいく。

「今の時代だったら間が空いているので、足でも頭でもいけるかもしれませんが、プロとして代表に選ばれて試合に出たら、一番1点を取りやすい方法で考えると思います。もう一度、手で。次こそは（けがせず）うまく行きますよ」

2006年3月20日（現地時間）、川崎宗則はWBC第1回大会決勝のキューバ戦に1番・遊撃で先発出場した。

日本は初回に4点を先制。5回終了時には6―1とリードは広がった。しかし、キューバに6、8回に2点ずつを奪われた。一方、日本は6回以降無得点。8回裏が終わって6―5と、リードはわずか1点だった。

突き放したい9回表。先頭の9番・金城龍彦が三失で出塁し、1番・川崎はバントが三ゴロとなるも、併殺を免れて一塁に残った。続く2番・西岡剛のバントは内野安打で1死

決勝のキューバ戦で9回、1死一、二塁から川﨑宗則がイチローの右前打で本塁を突く

一、二塁。ここで打席に3番・イチロー。これ以上ない好機が訪れた。

「（球がバットに）当たる寸前にスタートを切る。安打ならば必ずホームに還るという気持ちでいました」

　イチローは1ボールからの2球目を捉え、一、二塁間を破る右前打。二塁走者・川﨑はホームへ疾走した。本塁手前でスライディング。体をひねり、ブロックする捕手の左膝下から右手を入れてベースに触れた。判定はセーフ。「神の手」で待望の1点を加えた。

「最初は左手でいこうと思いましたが、相手も左手で来ると思って膝を入れていたので、その足の間から右手で行きました。考えていたというより、体が勝手に反応した」

　しかし、本塁生還後、右肘に激痛が走って座り込んだ。

「靭帯《じんたい》が切れていたので、吐き気との戦いでした。トレーナーさんはベンチに待機しなければいけない状況で、ゲームセットまでは極力何も言わず、試合に出るつもりでテーピングをぐるぐる巻いていました」

　日本は攻撃の手を緩めず、この回一挙4得点。9回裏、日本は1点を失うも、キューバの反撃を振り切って10—6で勝利。声を出しながらベンチで戦況を見守っていた川﨑は、手負いのまま歓喜の輪に加わった。

「あのホームインも大きな1点でしたが、みんながたくさん点数を取って、松坂（大輔）さんの投球もあって、素晴らしい日本の野球ができた試合でした。全員がリーダーとして、それぞれの選手が自分たちのやり方で引っ張っていた。大会前も、優勝した後もみんな同じようなテンションで、そこはさすがプロ。カッコよかったです」

　初代王者までの道のりは平たんではなかった。日本は第1、2ラウンドはいずれも韓国に次ぐ2位通過。2次ラウンドは米国、メキシコと1勝2敗で並び、失点率で上回り決勝ラウンドへ。準決勝は2度敗れていた韓国を完封し、決勝に進んでいた。

　第2ラウンド初戦のアメリカ戦では、今も語り継がれる「世紀の誤審」があった。同点で迎えた8回表、日本は1死満塁の場面で岩村明憲が左方向へ飛球を放ち、三塁走者・西岡がタッチアップ。左犠飛で勝ち越し、と思われたが、相手捕手は左翼手からの返球を三塁へ投げ、西岡の離塁が早いとアピール。しかし、二塁塁

優勝を決めて歓喜にわく日本代表。苦しみながらの勝利に、日本中が盛り上がった

「優勝以外にも多くのギフトがあると思って臨んでほしい」

審はセーフのジェスチャーをした。

これに米国のマルティネス監督が抗議。大会ルールで、三塁走者の離塁は球審が判定することになっており、デービッドソン球審のジャッジはアウト。今度は王貞治監督が抗議したが判定は変わらず、日本は9回裏、3－4でサヨナラ負けを喫した。

「王監督は必死に流れを変えようとしてくれました。僕らもあのようなプレーが生まれてショックでしたが、起こってしまったことは仕方ないと、新しいプレーに向かって進んでいこうという思いでした」

ただならぬ緊張感の中で戦った経験は、野球人生に影響を与えた。

「国を背負って戦うことの大変さを感じました。震えもあったけれど、優勝できて、今までやってきた野球が間違っていなかったと自信になり、成長させてくれた。世界の野球を知って、海外に行きたいと思ったきっかけにもなりました」

2012年にMLBのマリナーズへ移籍。以降、ブルージェイズ、カブスと渡り歩いた。2017年に古巣・ソフトバンク復帰後、2019年には台湾の味全ドラゴンズでプレーした。

師と仰ぐイチローと同じチームでプレーできたことも刺激になった。

「ウオーミングアップから大きな声を出してくれて、僕らも負けないように声を出していました。イチローさんがチームの雰囲気をつくってくれていたと思います」

特別な舞台でしか得られない経験がある。それはプレーした選手だけが知っている。

「国を背負って戦ったこと、大好きなイチローさんと一緒にプレーができたことは財産。より野球が好きになって、人生の幅も広がりました。選手は優勝を目標にすると思いますが、それ以外にも多くのギフトがあると思って臨んでほしいです」

（取材・文／岡田　剛）

イチローは決勝で2安打を放ち「最後に山に登ることができてよかった。神が降りてきました」と名言

2009年 第2回大会

敗者復活戦から劇的「連覇」達成

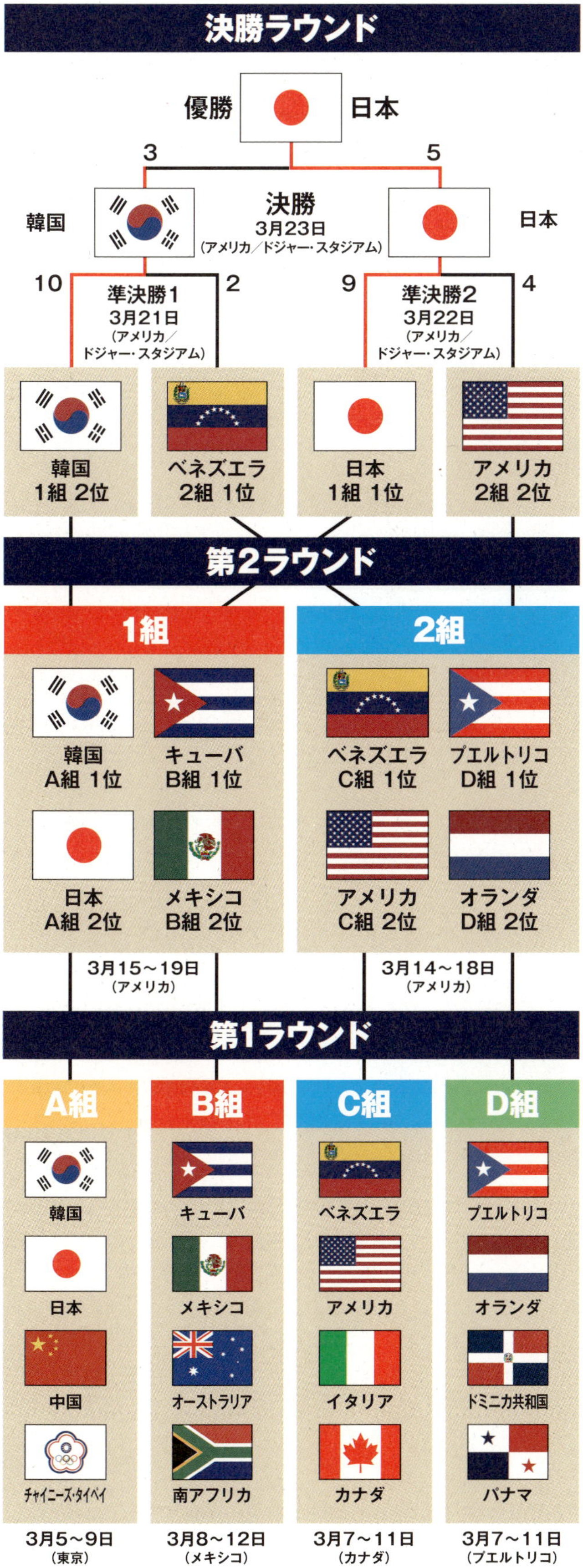

決勝ラウンド

決勝

日本ー韓国 3月23日(アメリカ／ドジャー・スタジアム)

	1	2	3	4	5	6	7	8	9	10	計
日本	0	0	1	0	0	0	1	1	0	2	5
韓国	0	0	0	0	1	0	0	1	1	0	3

[日]岩隈、杉内、○ダルビッシュー城島
[韓]奉重根、鄭現旭、柳賢振、●林昌勇ー朴勍完、姜ミン鎬

準決勝

アメリカー日本 3月22日(アメリカ／ドジャー・スタジアム)

	1	2	3	4	5	6	7	8	9	計
アメリカ	1	0	1	0	0	0	0	2	0	4
日本	0	1	0	5	0	0	0	3	X	9

[ア]●オズワルド、グラボー、ハウエル、ソーントン、ハンラハン、シールズーマキャン
[日]○松坂、杉内、田中、馬原、ダルビッシュー城島

第2ラウンド　1組

日本ーキューバ 3月15日(アメリカ／ペトコ・パーク)

	1	2	3	4	5	6	7	8	9	計
日本	0	0	3	1	1	0	0	0	1	6
キューバ	0	0	0	0	0	0	0	0	0	0

[日]○松坂、岩隈、馬原、藤川ー城島
[キ]●チャプマン、N.ゴンサレス、ヒメネス、Y.ゴンサレス、マヤ、ウラシア、ガルシアーペスタノ、メリノ

日本ー韓国 3月17日(アメリカ／ペトコ・パーク)

	1	2	3	4	5	6	7	8	9	計
日本	0	0	0	0	1	0	0	0	0	1
韓国	3	0	0	0	0	0	0	1	X	4

[日]●ダルビッシュ、山口、渡辺俊、涌井、岩田、田中ー城島、石原
[韓]○奉重根、尹錫ミン、金広鉉、林昌勇ー朴勍完

日本ーキューバ 3月18日(アメリカ／ペトコ・パーク)

	1	2	3	4	5	6	7	8	9	計
日本	0	0	0	2	1	0	1	0	1	5
キューバ	0	0	0	0	0	0	0	0	0	0

[日]○岩隈、杉内ー城島
[キ]●マヤ、Y.ゴンサレス、ヒメネス、N.ゴンサレス、ガルシア、ベタンコートーペスタノ、メリノ

日本ー韓国 3月19日(アメリカ／ペトコ・パーク)

	1	2	3	4	5	6	7	8	9	計
日本	0	2	0	0	0	0	0	3	1	6
韓国	1	0	0	0	0	0	1	0	0	2

[日]内海、小松、田中、山口、○涌井、馬原、藤川ー阿部
[韓]張ウォン三、李承浩、李在雨、●呉昇桓、金広鉉、林泰勲ー姜ミン鎬、朴勍完

第1ラウンド　A組

中国ー日本 3月5日(東京ドーム)

	1	2	3	4	5	6	7	8	9	計
中国	0	0	0	0	0	0	0	0	0	0
日本	0	0	3	0	0	1	0	0	X	4

[中]●李晨浩、陳俊毅、孫国強、劉凱ー張振旺
[日]○ダルビッシュ、涌井、山口、田中、馬原、藤川ー城島、阿部

日本ー韓国 3月7日(東京ドーム)

	1	2	3	4	5	6	7	8	9	計
日本	3	5	0	1	2	2	1			14
韓国	2	0	0	0	0	0	0			2

[日]○松坂、渡辺俊、杉内、岩田ー城島
[韓]●金広鉉、鄭現旭、張ウォン三、李在雨ー朴勍完、姜ミン鎬

韓国ー日本 3月9日(東京ドーム)

	1	2	3	4	5	6	7	8	9	計
韓国	0	0	0	1	0	0	0	0	0	1
日本	0	0	0	0	0	0	0	0	0	0

[韓]○奉重根、鄭現旭、柳賢振、林昌勇ー朴勍完
[日]●岩隈、杉内、馬原、ダルビッシュ、山口、藤川ー城島

2009年 第2回大会

延長10回裏、最後の打者を三振に仕留めたダルビッシュは捕手・。城島と抱き合って喜んだ

メジャーリーガー5人 イチローが決めた

第2回大会は、当時セ・リーグを連覇していた巨人・原辰徳監督が指揮。同監督の提案で、日本代表の愛称が「サムライジャパン（のちに侍ジャパン）」となった。

そのサムライジャパンは、またしても韓国に苦戦した。第2回大会の第1、2ラウンドは総当たりではなく、敗者復活戦を含めたトーナメント制。第2ラウンドの韓国戦では1－4と敗北、試合後には韓国の選手がマウンドに国旗を刺して勝利を祝う場面もあった。日本は第2ラウンド敗者復活戦で、岩隈久志（楽天）がキューバ打線を内野ゴロ15個で6回無失点。第2ラウンドの最終戦に進み、韓国を破って1組1位で決勝トーナメントに進出した。

準決勝アメリカ戦は、小刻みに継投して9－4で撃破。決勝ではこの大会で2勝2敗の韓国と激突。同点で迎えた延長10回裏、2死二、三塁の場面で、イチローが中前へ勝ち越し打。投げてはダルビッシュが最後の打者を三振に斬り、胴上げ投手となった。

（所属は当時）

監督…原辰徳
コーチ…伊東勤、山田久志、与田剛、高代延博、篠塚和典、緒方耕一

投手

左右	氏名	所属チーム（当時）	登板	完投	先発	完了	勝利	敗北	セーブ	打者	投球回	被安打	被本塁打	四球	死球	奪三振	失点	自責点	防御率
	岩隈 久志	東北楽天ゴールデンイーグルス	4	0	3	0	1	1	0	66	20	12	1	6	0	15	3	3	1.35
△	岩田 稔	阪神タイガース	2	0	0	1	0	0	0	3	1	0	0	3	1	1	0	0	0.00
△	内海 哲也	読売ジャイアンツ	1	0	1	0	0	0	0	9	2 2/3	3	0	1	1	2	1	1	3.38
	小松 聖	オリックス・バファローズ	1	0	0	0	0	0	0	8	2 2/3	0	0	1	0	5	0	0	0.00
△	杉内 俊哉	福岡ソフトバンクホークス	5	0	0	1	0	0	1	19	6 1/3	0	0	2	0	6	0	0	0.00
	田中 将大	東北楽天ゴールデンイーグルス	4	0	0	1	0	0	0	11	2 1/3	3	1	0	0	5	1	1	3.86
	ダルビッシュ 有	北海道日本ハムファイターズ	5	0	2	2	2	1	0	45	13	7	0	6	0	20	4	3	2.08
	藤川 球児	阪神タイガース	4	0	0	4	0	0	0	14	4	3	0	1	0	3	0	0	0.00
	松坂 大輔	ボストン・レッドソックス	3	0	3	0	3	0	0	55	14 2/3	14	2	5	0	13	4	4	2.45
	馬原 孝浩	福岡ソフトバンクホークス	5	0	0	0	0	0	0	19	5	6	0	1	0	2	2	2	3.60
△	山口 鉄也	読売ジャイアンツ	4	0	0	0	0	0	0	5	2	1	0	1	0	0	0	0	0.00
	涌井 秀章	埼玉西武ライオンズ	3	0	0	0	1	0	0	9	3 1/3	1	0	2	0	2	1	1	2.70
	渡辺 俊介	千葉ロッテマリーンズ	2	0	0	0	0	0	0	6	2	0	0	2	0	1	0	0	0.00
	チーム計		9	0	9	9	7	2	1	269	79	50	4	31	2	75	16	15	1.71

※「左右」の△は左投げ

野手

左右	氏名	所属チーム（当時）	試合	打数	得点	安打	二塁打	三塁打	本塁打	打点	盗塁	四球	故意四球	死球	三振	打率	長打率	出塁率	失策
△	青木 宣親	東京ヤクルトスワローズ	9	37	4	12	1	0	0	7	1	4	2	0	4	.324	.351	.381	1
△	阿部 慎之助	読売ジャイアンツ	4	6	0	1	0	0	0	0	0	0	0	0	2	.167	.167	.167	2
	石原 慶幸	広島東洋カープ	1	0	0	0	0	0	0	0	0	0	0	0	0	.000	.000	.000	0
△	イチロー	シアトル・マリナーズ	9	44	7	12	2	1	0	5	1	0	0	0	2	.273	.364	.273	1
△	稲葉 篤紀	北海道日本ハムファイターズ	8	22	5	7	4	0	0	0	0	1	0	0	4	.318	.500	.348	0
△	岩村 明憲	タンパベイ・レイズ	9	28	7	8	0	1	0	3	1	7	0	0	7	.286	.357	.417	0
	内川 聖一	横浜ベイスターズ	6	18	3	6	1	0	1	4	0	2	0	0	1	.333	.556	.400	0
△	小笠原 道大	読売ジャイアンツ	9	32	2	8	0	0	0	3	0	3	0	0	10	.250	.250	.314	0
	片岡 易之	埼玉西武ライオンズ	7	13	3	4	0	0	0	1	4	2	0	0	0	.308	.308	.400	2
△	亀井 義行	読売ジャイアンツ	3	1	0	1	0	0	0	0	1	0	0	0	0	1.00	1.00	1.00	0
△	川﨑 宗則	福岡ソフトバンクホークス	5	7	3	3	0	0	0	1	1	0	0	0	0	.429	.429	.429	0
	栗原 健太	広島東洋カープ	2	3	0	0	0	0	0	0	0	0	0	0	2	.000	.000	.000	
	城島 健司	シアトル・マリナーズ	9	30	4	10	1	0	1	4	1	2	0	0	3	.333	.467	.353	1
	中島 裕之	埼玉西武ライオンズ	7	22	4	8	4	0	0	6	1	6	1	2	5	.364	.545	.516	0
△	福留 孝介	シカゴ・カブス	7	20	4	4	0	0	0	0	0	7	0	0	7	.200	.200	.407	0
	村田 修一	横浜ベイスターズ	7	25	4	8	0	0	2	7	0	1	0	2	6	.320	.560	.379	0
	チーム計		9	308	50	92	13	2	4	41	11	35	3	4	53	.299	.393	.371	7

※3月20日、第2ラウンドで右太腿裏肉離れの村田修一に代わり栗原健太。「左右」の△は左打ち

2013年 第3回大会

オールNPB選手準決勝で涙

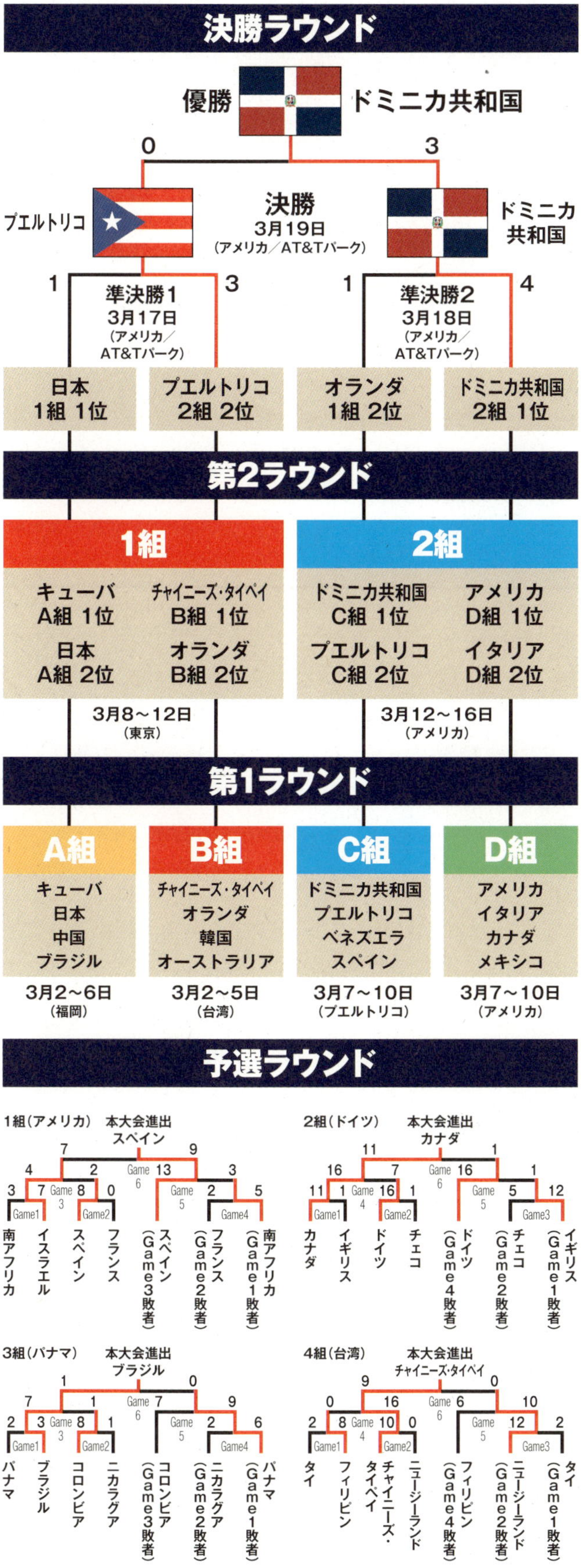

決勝ラウンド

準決勝

プエルトリコ－日本 3月17日(アメリカ／AT&Tパーク)

	1	2	3	4	5	6	7	8	9	計
プエルトリコ	1	0	0	0	0	0	2	0	0	3
日本	0	0	0	0	0	0	0	1	0	1

[プ]○M.サンティアゴ、デラトーレ、セデーニョ、フォンタネス、ロメロ、(S)カブレラーY.モリーナ
[日]●前田、能見、攝津、杉内、涌井、山口－阿部

第2ラウンド　1組

日本－チャイニーズ・タイペイ 3月8日(東京ドーム)

	1	2	3	4	5	6	7	8	9	10	計
日本	0	0	0	0	0	0	0	2	1	1	4
チャイニーズ・タイペイ	0	0	1	0	1	0	0	1	0	0	3

[日]能見、攝津、田中、山口、澤村、○牧田、(S)杉内－阿部、相川、炭谷
[チ]王建民、藩威倫、郭泓志、王鏡銘、●陳鴻文、林イー豪、陽耀勲－林泓育、高志鋼

日本－オランダ 3月10日(東京ドーム)

	1	2	3	4	5	6	7	8	9	計
日本	1	5	1	3	1	1	4			16
オランダ	0	0	0	0	0	4	0			4

[日]○前田、内海、山口、涌井 － 阿部
[オ]●コルデマンス、スタウフベルヘン、ヘエイステク、ファンドリル、バレンティナーリカルド、ノエイ

オランダ－日本 3月12日(東京ドーム)

	1	2	3	4	5	6	7	8	9	計
オランダ	1	0	0	0	0	0	2	3	0	6
日本	0	8	0	0	0	0	0	2	X	10

[オ]●ベルクマン、イセニア、パベレク、ヘエイステク、バレンティナーリカルド、デクーバ
[日]○大隣、澤村、田中、今村、森福、山口、涌井、牧田－炭谷、相川

第1ラウンド　A組

日本－ブラジル 3月2日(ヤフオクドーム)

	1	2	3	4	5	6	7	8	9	計
日本	0	0	1	1	0	0	0	3	0	5
ブラジル	1	0	0	1	1	0	0	0	0	3

[日]田中、杉内、○攝津、能見、(S)牧田－相川、阿部
[ブ]フェルナンデス、ゴウヴェア、●仲尾次、コンドウ、ノリスーフランサ

中国－日本 3月3日(ヤフオクドーム)

	1	2	3	4	5	6	7	8	9	計
中国	0	0	0	0	0	0	0	0	2	2
日本	0	1	0	0	4	0	0	0	X	5

[中]●羅夏、朱大衛、陳坤、楊海帆、李帥、呂建剛－王偉
[日]○前田、内海、涌井、澤村、山口－阿部、炭谷

日本－キューバ 3月6日(ヤフオクドーム)

	1	2	3	4	5	6	7	8	9	計
日本	0	0	0	0	0	0	0	0	3	3
キューバ	0	0	1	1	0	1	0	3	X	6

[日]●大隣、田中、澤村、森福、今村－阿部、相川
[キ]○ペレス、ゲヴァラ、カスティーヨ、N.ゴンサレス、イグレシアス、ヌニェス、ガルシアーサンチェス、モレホン

2013年 第3回大会

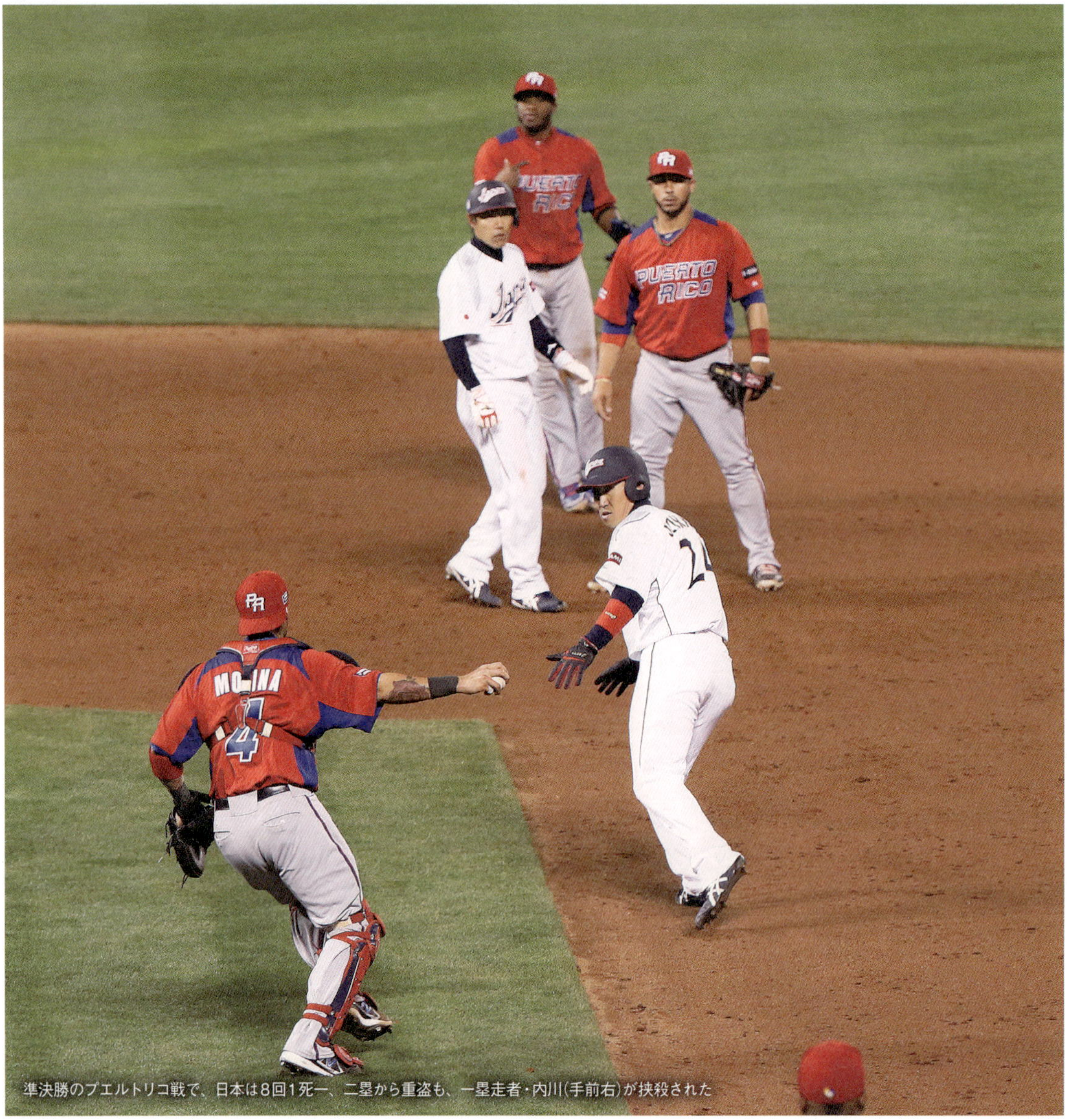

準決勝のプエルトリコ戦で、日本は8回1死一、二塁から重盗も、一塁走者・内川(手前右)が挟殺された

準決勝プエルトリコ戦 重盗失敗で万事休す

3連覇をかけた第3回大会は、第1ラウンド初戦でブラジルに5―3で辛勝。1回に田中将大（楽天）が先制されると、場内にどよめきが響いた。シーソーゲームの末に辛勝し続いて中国を下したが、キューバには敗れて1次ラウンド2位で駒を進めた。

第2ラウンドでは、初戦のチャイニーズ・タイペイ戦がヤマ。1点を追う9回2死の場面で、一塁走者・鳥谷敬（阪神）が勝負の二盗に成功。続く井端弘和（中日）が中前同点タイムリーを放った。延長10回に勝ち越すという4時間37分に及ぶ激闘を経て、キューバ、オランダにも大勝。準決勝へ進出した。

準決勝のプエルトリコ戦は、先発・前田健太（広島）、2番手・能見篤史（阪神）がそれぞれ失点。日本は3点を追う8回、1点を返してなおも1死一、二塁とした。重盗のサインに、二塁走者・井端がスタート直後に断念した一方で、一塁走者・内川聖一（DeNA）が二塁直前まで到達して挟殺。チャンスの芽はついえ、万事休した。

（所属は当時）

監督…山本浩二
コーチ…東尾修、梨田昌孝、与田剛、立浪和義、高代延博、緒方耕一、橋上秀樹

投手

左右	氏名	所属チーム（当時）	登板	完投	先発	完了	勝利	敗北	セーブ	ホールド	打者	投球回	被安打	被本塁打	四球	死球	奪三振	失点	自責点	防御率
	今村 猛	広島東洋カープ	2	0	0	1	0	0	0	0	11	2	3	1	2	0	3	3	3	13.50
△	内海 哲也	読売ジャイアンツ	2	0	0	0	0	0	0	0	11	2 1/3	2	0	1	1	3	4	4	15.43
△	大隣 憲司	福岡ソフトバンクホークス	2	0	2	0	1	1	0	0	22	6	3	2	1	0	7	2	2	3.00
	澤村 拓一	読売ジャイアンツ	4	0	0	0	0	0	0	0	13	3 1/3	3	0	0	0	3	1	1	2.70
△	杉内 俊哉	読売ジャイアンツ	3	0	0	1	0	0	1	0	17	3 2/3	4	0	2	0	1	1	1	2.45
	攝津 正	福岡ソフトバンクホークス	3	0	0	0	1	0	0	0	24	6	5	0	1	0	8	2	2	3.00
	田中 将大	東北楽天ゴールデンイーグルス	4	0	1	0	0	0	0	0	29	7	10	0	0	0	12	3	2	2.57
△	能見 篤史	阪神タイガース	3	0	1	0	0	0	0	1	23	4 2/3	6	1	2	1	3	3	3	5.79
	前田 健太	広島東洋カープ	3	0	3	0	2	1	0	0	51	15	6	0	3	0	18	1	1	0.60
	牧田 和久	埼玉西武ライオンズ	3	0	0	2	1	0	1	0	14	3	4	0	1	0	5	0	0	0.00
△	森福 允彦	福岡ソフトバンクホークス	2	0	0	0	0	0	0	0	10	2	2	0	1	1	2	2	2	9.00
△	山口 鉄也	読売ジャイアンツ	5	0	0	2	0	0	0	0	19	4 1/3	5	0	1	0	6	5	5	10.38
	涌井 秀章	埼玉西武ライオンズ	4	0	0	1	0	0	0	1	10	1 2/3	5	0	0	0	3	0	0	0.00
	チーム計		7	0	7	7	5	2	2	2	254	61	58	4	15	3	74	27	26	3.84

※「左右」の△は左投げ

野手

左右	氏名	所属チーム（当時）	試合	打数	得点	安打	二塁打	三塁打	本塁打	打点	盗塁	四球	故意四球	死球	三振	打率	長打率	出塁率	失策
	相川 亮二	東京ヤクルトスワローズ	4	3	1	1	0	0	0	0	0	2	0	0	1	.333	.333	.600	0
△	阿部 慎之助	読売ジャイアンツ	7	23	5	6	1	0	2	7	0	1	0	0	2	.261	.565	.292	0
△	糸井 嘉男	オリックス・バファローズ	7	21	4	6	2	0	1	7	2	6	0	3	2	.286	.524	.500	0
△	稲葉 篤紀	北海道日本ハムファイターズ	7	21	2	6	0	0	1	1	0	0	0	1	3	.286	.429	.318	0
	井端 弘和	中日ドラゴンズ	6	18	6	10	1	0	0	4	0	5	0	0	3	.556	.611	.652	0
	内川 聖一	福岡ソフトバンクホークス	6	23	4	8	0	1	1	4	1	1	0	1	3	.348	.565	.400	0
△	角中 勝也	千葉ロッテマリーンズ	5	9	3	1	0	0	0	0	1	1	0	0	2	.111	.111	.200	0
	坂本 勇人	読売ジャイアンツ	6	25	2	6	0	0	1	6	1	0	0	0	3	.240	.360	.231	0
	炭谷 銀仁朗	埼玉西武ライオンズ	3	3	0	0	0	0	0	0	0	0	0	0	1	.000	.000	.000	0
	長野 久義	読売ジャイアンツ	7	18	2	4	1	0	0	6	1	4	0	0	4	.222	.278	.364	0
△	鳥谷 敬	阪神タイガース	7	15	4	4	1	1	1	2	1	4	0	0	2	.267	.667	.400	1
	中田 翔	北海道日本ハムファイターズ	6	21	3	6	0	0	0	2	0	3	0	1	3	.286	.286	.385	1
△	本多 雄一	福岡ソフトバンクホークス	4	1	2	0	0	0	0	0	0	1	0	0	0	.000	.000	.500	0
□	松井 稼頭央	東北楽天ゴールデンイーグルス	6	11	1	0	0	0	0	0	0	1	0	0	2	.000	.000	.083	0
	松田 宣浩	福岡ソフトバンクホークス	7	21	5	7	2	0	1	5	0	2	0	0	6	.333	.571	.391	0
	チーム計		7	233	44	65	8	2	8	44	7	31	0	6	37	.279	.433	.374	2

※「左右」の△は左打ち、□は両打ち

Remenber WBC 2013

いばた・ひろかず●1975年5月12日、神奈川県出身。堀越高－亜細亜大－中日－巨人。97年ドラフト5位。中日時代は荒木雅博との二遊間コンビ「アライバ」として人気。2014年に巨人移籍、15年引退。ゴールデングラブ賞7度。NPB通算1896試合、打率.281、56本塁打510打点。右投げ右打ち

証言③

井端弘和

「本当にもう、僕のエネルギーを全部使い果たした」

2013年大会のベストナインに選ばれた井端弘和氏。第2ラウンドのチャイニーズ・タイペイ戦（東京ドーム）では9回、値千金の同点打を放った。井端氏が味わったWBCとは――。

本塁打狙いも2番の習性 二盗を見てバット止める

しびれる思いは何度も経験してきた。2013年大会に出場した井端弘和氏は、第2ラウンドでひと味違う修羅場を味わった。

日本はチャイニーズ・タイペイ戦で7回まで0―2。終盤に1点差まで追い上げ、9回2死一塁となって井端氏が打席に入った。

「まず、自分が最後の打者にだけはなりたくない。でも、自分で何とか同点以上にしたい。それで、初球だけ本塁打を狙おうと思ったんです」

その初球は絶好球だった。

「真ん中からインサイドの甘め。僕が唯一本塁打を打てるコース。そこにセットしていたら、来たんです。その瞬間に（一塁走者・鳥谷敬が）走ったのが見えたので、慌てて止めました。長年2番を打っていた習性なのか、勝手に体が反応してしまいました。鳥谷選手の二盗後は安打でいいんだと考えたら、何か俄然《がぜん》元気が出てきたので、初球の時の僕は冷静じゃなかったのかな。打ったら本塁打になった可能性もあった球なの

ですが、打ちたかったという半面、打たなくてよかったという思いのほうが強いです。今でも『あ』と思って止まったことが逆に凄いなと」

　ボールカウント2―2から、直球を中前へ運んで起死回生の同点打。布石を打っての狙い通りだった。

「その前までの2打席は直球を全部見逃して、初めて来た変化球で2安打。だから、この打席はたぶん最後まで真っすぐだなと」

　一塁ベース上では腕を掲げ、珍しく喜びをあらわにした。

「打球が遊撃手の頭上を越えたので鳥谷選手も本塁へ還れると思い、興奮していました。一塁ベース上で、プロ野球では経験がない光景も見たんです。東京ドームの観客席ぐるり一周が全部日本を応援して、自分の安打で喜んでくれている。見渡して『ああ、歓声が凄いなあ』と思ったら一気に脱力して、『代えてくれないかな』と思うくらい、精神的にどっと疲れました。あの打席で僕のエネルギーを全部使い果たした感じでです」

　6試合出場で打率5割5分6厘。ベストナインのほか、第2ラウンドのMVPにも選出された。国際試合に強い理由はストライクゾーンにあるという。長打が出にくい外角、そして出やすい内角。そのさじ加減が井端氏にマッチした。

「外が広くて内が狭いように感じました。僕は長打を打たないから、相手もそれを前提とした配球でしたし、四球を出すぐらいならという（甘い）攻めもしていた。僕はどちらかと言えば、引っ張りではなく、ボールを長く見られる打者。あのストライクゾーンが合っていました」

　2001年ワールドカップ、2002年インターコンチネンタルカップ代表。2004年アテネ五輪は本大会では代表に入らなかったが、五輪予選となった2003年アジア選手権では出場権獲得に貢献した。

「25、26歳ぐらいからジャパンに選んでいただいて、国際試合に強いなとは自分でも思っていたんです。WBC代表に選んでいただいた時は、ひそかに自信がありました」

　その2013年大会でWBC初出場。2017年大会までの全4大会で、日本代表にメジャーリーガーが不在の唯一の大会でもあった。井端氏は中日では先発出場で2番が定位置。しかし、WBCでは控えに回り、

第2ラウンドのチャイニーズ・タイペイ戦。1点を追う9回、2死一塁の場面で井端氏が同点打を放つ

「なぜか『もう一回出たい』と思うんです」

初スタメンは第1ラウンド3試合目のキューバ戦。3－6で敗れたが、4打数2安打1打点と気を吐いた。

「3番・DHの予定だった内川選手が試合前に腰を痛めて、試合直前に『代わりに行ってくれ』と。当時は代打、DHも経験がなかった。緊張感を持ったこともよかったかもしれません」

初対戦が多くなる国際試合では、対応力も武器となる。2000年代の中日黄金時代を経験したことが功を奏したという。

「さまざまな場面、ケースを経験できました。国際試合には、その知識を引っ張り出して臨んだ気がします。でも、DHは本当に難しい。いつもは守備から戻ってきたら、次の打席に入る少し前に考えるぐらいですが、DHはベンチにいる時間が長いので、考えすぎて本当に大変でした。1イニングぐらいは頭を〝オフ〟にして、あえて第三者的に試合を（冷静に）見るという工夫をしました」

東京2020五輪では、コーチとして金メダル獲得に貢献した。

「国際試合は、チームが一つになってノッていけるかどうか。五輪でも苦しい試合をしていくうちに、自分たちの戦いができるようになって、最後のほうは負ける気がしなかった。アメリカに最初勝った時ですね。先制されながらも終盤に追いついて、延長で制した時に『いけるな』と」

国際大会には、その醍醐味があるのだという。

「なぜか『もう一回出たい』と思うんです。世界を見てしまうと、自分の足りないところも見えてくる。それを補って、次の大会で活躍しようと思える経験になると思います。今の日本代表には足を絡めても、長打でも勝負ができるという、さまざまなバリエーションがある。バランスがよくなっていると思います。アメリカをはじめ強豪国がひしめくなかで、世界一は日本であってほしいと思います」　（取材・文／丸井乙生）

準決勝で勝利を収めたプエルトリコは、初の決勝進出に歓喜。敗れた日本ベンチには悔しさが漂う

2013年WBC代表として活躍した井端氏（左）、内川聖一

2017年 第4回大会

準決勝アメリカ戦 無念の1点差負け

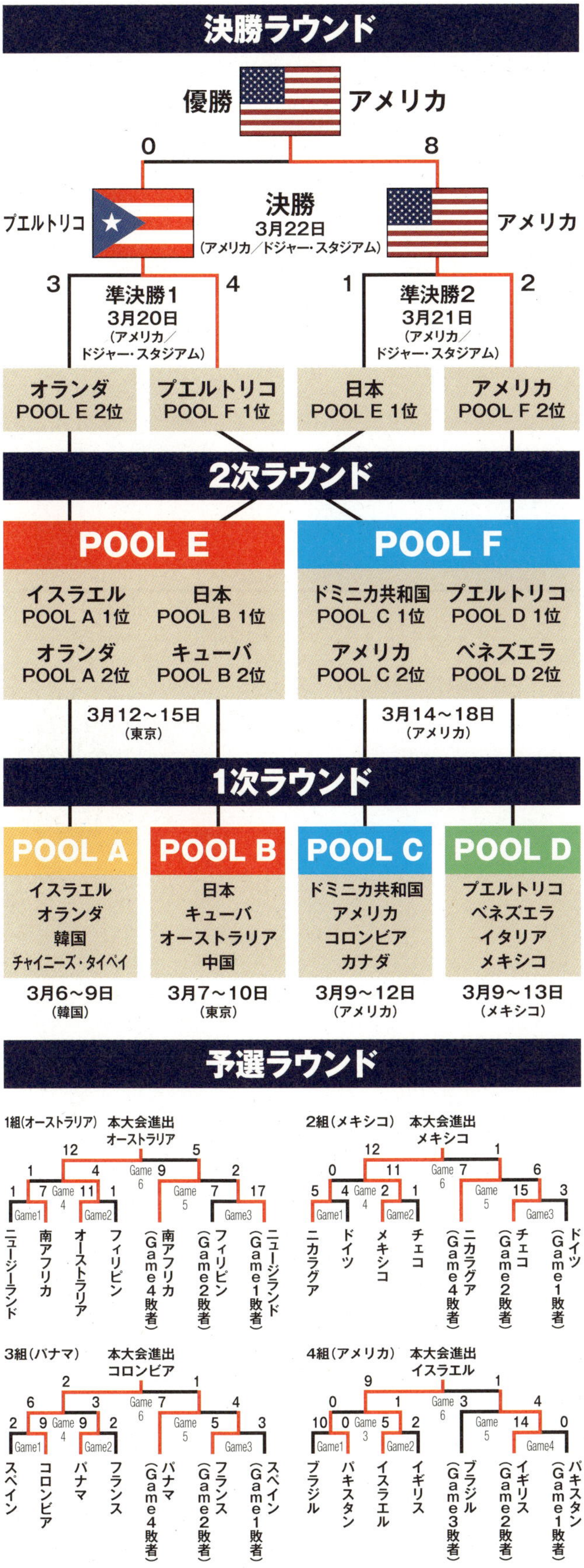

決勝ラウンド

準決勝

アメリカー日本 3月22日(アメリカ／ドジャー・スタジアム)

	1	2	3	4	5	6	7	8	9	計
アメリカ	0	0	0	1	0	0	0	1	0	2
日本	0	0	0	0	0	1	0	0	0	1

【ア】ロアーク、N･ジョーンズ、ミラー、○ダイソン、マランソン、ニシェク、グレガーソンーポージー
【日本】菅野、●千賀、平野、宮西、秋吉ー小林、炭谷

2次ラウンド

日本ーオランダ 3月12日(東京ドーム)

	1	2	3	4	5	6	7	8	9	10	11	計
日本	0	1	4	0	1	0	0	0	0	0	2	8
オランダ	0	1	4	0	0	0	0	0	1	0	0	6

【日】石川、平野、千賀、松井、秋吉、宮西、増井、則本、○牧田ー小林
【オ】バンデンハーク、マルクウェル、マルティス、ボルセンブルク、デフロク、ファンミル、●ストフベルゲンーリカルド

キューバー日本 3月14日(東京ドーム)

	1	2	3	4	5	6	7	8	9	計
キューバ	0	2	0	2	0	1	0	0	0	5
日本	1	0	1	0	2	1	0	3	X	8

【キ】バノス、イエラ、●ラエラーアラルコン
【日】菅野、平野、増井、松井、○秋吉、牧田ー小林、炭谷

イスラエルー日本 3月15日(東京ドーム)

	1	2	3	4	5	6	7	8	9	計
イスラエル	0	0	0	0	0	0	0	0	3	3
日本	0	0	0	0	0	5	0	3	X	8

【イ】ゼイド、●アクセルロッド、ソーントン、カッツ、ゴールドバーグ、ヘロン、レーキンドーラバンウエー
【日】千賀、○平野、宮西、秋吉、牧田ー小林

1次ラウンド

キューバー日本 3月7日(東京ドーム)

	1	2	3	4	5	6	7	8	9	計
キューバ	0	0	1	0	0	0	3	2	0	6
日本	1	0	0	1	5	0	2	2	X	11

【キ】エンテンザ、●イエラ、J･ガルシア、R･マルティネス、J･マルティネス、サンチェスーモレホン、アラルコン
【日】○石川、則本、岡田、平野、秋吉、牧田ー小林

日本ーオーストラリア 3月8日(東京ドーム)

	1	2	3	4	5	6	7	8	9	計
日本	0	0	0	0	1	0	1	2	0	4
オーストラリア	0	1	0	0	0	0	0	0	0	1

【日】菅野、岡田、○千賀、宮西、牧田ー小林
【オ】アサートン、L･ウェルズ、●ウィリアムズ、ケネディ、サール、ローランドスミスーデサンミゲル

中国ー日本 3月10日(東京ドーム)

	1	2	3	4	5	6	7	8	9	計
中国	0	0	1	0	0	0	0	0	0	1
日本	1	2	2	0	0	0	2	0	X	7

【中】●ガン・チュエン、モン・ウェイチャン、クゥン・ハイチョン、チェン・クンーワン・ウェイ、リ・ニン
【日】○武田、藤浪、増井、松井、平野、秋吉ー小林、大野

2017年 第4回大会

準決勝のアメリカ戦で6回、一時同点となる本塁打を放った菊池涼介を日本ベンチが出迎える

2次ラウンドまで全勝も事実上の決勝戦で力尽く

第4回大会の指揮官は、第3回大会の山本浩二監督から小久保裕紀監督にバトンタッチ。メジャーリーガーの出場は青木宣親(アストロズ)1人にとどまり、大谷翔平(日本ハム)は代表に選出されたが、負傷で辞退している。

滑り出しは好調だった。4大会目にして初めて1次ラウンドで韓国とは別組となり、3戦全勝。2次ラウンド、オランダ戦は中田翔(日本ハム)のタイムリー、キューバ戦は山田哲人(ヤクルト)の2本塁打で勝ち進み、イスラエルも下して、全勝のまま決勝ラウンドへ進んだ。

準決勝アメリカ戦では、菅野智之(巨人)が先発。4回に先制を許したが、6回に菊池涼介(広島)が同点ソロ。しかし、2番手・千賀滉大(ソフトバンク)が8回、1死二、三塁から三ゴロの間に走者が還り2点目を失った。そのまま追いつけず、1―2の惜敗で4強止まり。アメリカは決勝で8―0と大勝。日本の実力はこの大会でも高いレベルにあったといえるだろう。(所属は当時)

監督…小久保裕紀
コーチ…奈良原浩、稲葉篤紀、権藤博、村田善則、大西崇之、仁志敏久

投手

左右	氏名	所属チーム(当時)	登板	完投	先発	完了	勝利	敗北	セーブ	ホールド	打者	投球回	被安打	被本塁打	四球	死球	奪三振	失点	自責点	防御率
	秋吉 亮	東京ヤクルトスワローズ	6	0	0	2	1	0	0	0	15	4 1/3	2	0	0	0	3	0	0	0.00
	石川 歩	千葉ロッテマリーンズ	2	0	2	0	1	0	0	0	30	7	7	2	2	0	2	6	6	7.71
△	岡田 俊哉	中日ドラゴンズ	2	0	0	0	0	0	0	1	3	1	0	0	1	0	1	0	0	0.00
	菅野 智之	読売ジャイアンツ	3	0	3	0	0	0	0	0	58	14 1/3	14	2	1	1	16	6	5	3.14
	千賀 滉大	福岡ソフトバンクホークス	4	0	1	0	1	1	0	0	41	11	7	0	1	1	16	1	1	0.82
	武田 翔太	福岡ソフトバンクホークス	1	0	1	0	1	0	0	0	13	3	4	0	1	0	3	1	1	3.00
	則本 昂大	東北楽天ゴールデンイーグルス	2	0	0	0	0	0	0	1	18	3 2/3	7	1	1	0	3	4	4	9.82
	平野 佳寿	オリックス・バファローズ	6	0	0	0	1	0	0	0	19	5 1/3	2	0	1	0	7	2	2	3.38
	藤浪 晋太郎	阪神タイガース	1	0	0	0	0	0	0	0	8	2	0	0	1	1	4	0	0	0.00
	牧田 和久	埼玉西武ライオンズ	5	0	0	5	1	0	2	0	26	6	5	0	2	0	6	3	2	3.00
	増井 浩俊	北海道日本ハムファイターズ	3	0	0	0	0	0	0	0	11	2 2/3	3	0	0	0	1	1	1	3.38
△	松井 裕樹	東北楽天ゴールデンイーグルス	3	0	0	0	0	0	0	0	9	2 2/3	0	0	1	0	5	0	0	0.00
△	宮西 尚生	北海道日本ハムファイターズ	4	0	0	0	0	0	0	1	10	2	3	0	1	0	4	0	0	0.00
	チーム計		7	0	7	7	6	1	2	3	261	65	54	5	13	3	71	24	22	3.05

※「左右」の△は左投げ。２月４日、大谷翔平が負傷のため武田翔太に

野手

左右	氏名	所属チーム(当時)	試合	打数	得点	安打	二塁打	三塁打	本塁打	打点	盗塁	四球	故意四球	死球	三振	打率	長打率	出塁率	失策
△	青木 宣親	ヒューストン・アストロズ	6	22	5	4	3	0	0	2	0	6	0	1	3	.182	.318	.379	0
△	秋山 翔吾	埼玉西武ライオンズ	4	10	1	3	0	0	0	2	1	2	0	0	0	.300	.300	.385	0
	内川 聖一	福岡ソフトバンクホークス	6	8	1	3	2	0	0	3	0	2	0	0	1	.375	.625	.455	0
	大野 奨太	北海道日本ハムファイターズ	1	2	0	0	0	0	0	0	0	0	0	0	1	.000	.000	.000	0
	菊池 涼介	広島東洋カープ	7	30	4	8	1	0	1	4	1	2	1	0	7	.267	.400	.313	1
	小林 誠司	読売ジャイアンツ	7	20	4	9	0	0	1	6	0	1	0	0	4	.450	.600	.455	0
	坂本 勇人	読売ジャイアンツ	6	24	6	10	3	0	0	1	1	3	0	0	1	.417	.542	.481	1
	鈴木 誠也	広島東洋カープ	5	14	2	3	0	0	0	0	1	2	0	0	4	.214	.214	.313	0
	炭谷 銀仁朗	埼玉西武ライオンズ	2	0	0	0	0	0	0	0	0	0	0	0	0	.000	.000	.000	0
△	田中 広輔	広島東洋カープ	3	8	2	2	0	0	0	0	2	1	0	0	1	.250	.250	.333	0
△	筒香 嘉智	横浜 DeNA ベイスターズ	7	25	5	8	0	0	3	8	0	5	1	0	6	.320	.680	.433	0
	中田 翔	北海道日本ハムファイターズ	6	21	5	5	1	0	3	8	1	4	0	0	2	.238	.714	.360	0
	平田 良介	中日ドラゴンズ	2	3	0	0	0	0	0	0	0	1	0	0	1	.000	.000	.250	0
	松田 宣浩	福岡ソフトバンクホークス	7	24	8	8	1	0	1	7	1	0	0	0	6	.333	.500	.320	1
	山田 哲人	東京ヤクルトスワローズ	7	27	4	8	2	0	2	5	3	5	2	1	4	.296	.593	.412	0
	チーム計		7	238	47	71	13	0	11	46	11	34	4	2	41	.298	.492	.384	3

※「左右」の△は左打ち。３月４日嶋基宏が負傷のため炭谷銀仁朗に

WBC 2023 史上最強
「侍ジャパン」
パーフェクトデータブック

2023年３月16日　第１刷発行

監修　　　福島良一
発行人　　蓮見清一
発行所　　株式会社 宝島社
　　　　　〒102-8388　東京都千代田区一番町25番地
　　　　　（営業）03-3234-4621　（編集）03-3239-0646
　　　　　https://tkj.jp
印刷・製本　中央精版印刷株式会社

Printed in Japan
ISBN 978-4-299-03975-0